歐洲和議後之經濟

新青年丛书

黄乔生　张远航　主编

中央编译出版社
CCTP Central Compilation & Translation Press

图书在版编目（CIP）数据

欧洲和议后之经济 / 黄乔生，张远航主编．-- 北京：中央编译出版社，2025.3
（新青年丛书）
ISBN 978-7-5117-4424-1

Ⅰ．①欧… Ⅱ．①黄… ②张… Ⅲ．①经济概况—欧洲 Ⅳ．① F15

中国国家版本馆 CIP 数据核字 (2023) 第 086431 号

欧洲和议后之经济

责任编辑　张　科
责任印制　李　颖
出版发行　中央编译出版社
地　　址　北京市海淀区北四环西路 69 号（100080）
网　　址　www.cctpcm.com
电　　话　（010）55627391（总编室）　（010）55627312（编辑室）
　　　　　（010）55627320（发行部）　（010）55627377（新技术部）
经　　销　全国新华书店
印　　刷　北京盛通印刷股份有限公司
开　　本　797 毫米 ×1094 毫米 1/16
字　　数　108 千字
印　　张　14.5
版　　次　2025 年 3 月第 1 版
印　　次　2025 年 3 月第 1 次印刷
定　　价　1280.00 元（全 8 册）

新浪微博：@ 中央编译出版社　　微　　信：中央编译出版社（ID：cctphome）
淘宝店铺：中央编译出版社直销店（http://shop108367160.taobao.com）（010）55627331

本社常年法律顾问：北京市吴栾赵阎律师事务所律师　闫军　梁勤
凡有印装质量问题，本社负责调换，电话：（010）55627320

新青年叢書第六種

歐洲和議後之經濟

英國坎斯著

陶孟和
沈性仁 譯

歐洲和議後之經濟目錄

序言

世界因為此次歐洲大戰爭所受直接間接的損失至今還沒有最精確的統計，但是據最近的研究，交戰國家及中立國家（最重要的是荷蘭，瑞士，瑞典，挪威，丹麥五國，次要的有西班牙，阿根庭，南美諸國）所受兩種的損失大約足有三三七，九四六，一七九，六五七金元。（參看 Bogart: Direct and Indirect Costs of the Great World War 卡內奇國際和平基金團出版，一九一九。 閱本書二六五頁以下及二九九頁以下有結論）。 這個數目眞嚇死人。

普通人腦子裏所裝的數目至多也不過七八位，現在竟增多到十二位。 要知道這個數目是將各種損失變做金錢來計算，（例如每一個生命按三千七百金元計算。 看上述書二七七頁）實際上有些損失是不能用金錢量的。 假使沒有戰爭發生，所有這些損失都是世界上所應該享受的。 人能夠將戰爭及預備戰爭的能力都運用到開拓富源改良社會上去，那個世界會享有多少幸福啊？

『往者不可諫，來者猶可追』。那知這次議和又是一個失望。現其世界各國，無論是交戰國家或中立國家，在經濟上看起來已經是一個龐大無比的社會。換一句話說，現在國家沒有獨立的，都是相依賴的。此次所受直接間接的損失雖然是各國不同，但是想要恢復平和。時代的經濟（所謂恢復並不是完全回到舊日的樣子，不過是將戰爭及預備戰爭的能力移到平和的產業罷了；因爲無論如何現在的世界已經比一九一四年八月以前窮了三千萬萬金元了）。祇有共同維持，互相輔助之一法，工業發達的國家與農業發達的國家因爲原料的供給。出產品的銷行等等固然是互相倚賴的。就是工業國與工業國，農業國與農業國之間，也因爲經濟情形之不同或是產物程度之同，要相交換，相輔依的。例如日本是產米的國家每年仍要輸入大量的米。又如德，美，英三國都是製造發達，但是三國製造品的輸入和輸出都占重要位置。所以世界各國的經濟已打成一團，雖然用極利的剪刀也是分割不開的。和約的條文不待言更是無効的了。但是此次和約偏偏的就是那殘害政策，與互助的道理相反背。

殘害政策的危險不祇是與今日世界相輔依之狀況相背戾，並且要搖動現存經濟制度之自身。

現存的經濟制度用最簡單的名詞說出來就是資本制度。　人民生活於資本制度之下，雖然已成習慣，但是已顯出一般的不滿。　經了此次大戰爭，又加上東歐已成立共產的組織，資本制度就根本動搖了。　歐戰後的幾種和約將絕大的債務壓迫在戰敗的人民身上更彷彿是資本制度的催死劑。　資本制度是應該廢除的，所以這個和約或者是可喜的。　但是現在的問題就是(1)有什麼新制度可以代替資本的生產，(2)議和條約或者不能送死資本制度，反倒維持國際間的資本制度。　所以與其承認不公平的和約希望或者得到的結果，無甯求一個公平的條約，然後再從產業方面謀公平的分配。

*　　*　　*　　*

本書著者坎斯(John Maynard Keynes)是英國康橋大學王家學院的住院講師，英國經濟雜誌的總編輯。　英國政府曾請他改良印度幣制著有成績。　歐戰開始後，政府請他到財政部，以後派到巴黎為議和代表之隨員，兼出席於高等經濟會議為英國財政總長的代表。

一九一九年七月八日，他因爲對於和約上條件的修正沒有希望辭職。這本書的主要部分就是批評聯盟國方面的經濟政策。和約的經濟條款，賠償條款，都是那經濟政策的具體的表現。

現在坎斯的書已再版十幾次，翻譯成九國文字，加上中文譯本就是十國了。本書的價值不必譯者絮煩，但是我們要知道書中所論的，不祇是歐洲一隅的問題，實在是現在世界的大問題。

* * * *

本書所引條約原文，多援據徐兆熊君所譯對德和約(司法部出版)。徐君的譯文雖間有杜撰的地方但是他在巴黎的時候專門翻譯條約，前後都出一手，所以比較其他譯文可稱爲完善本。我們翻譯條款的時候得力於他的譯本很多，應該致謝。

本書譯稿及付印，獨秀爲我們校閱我們深深的感謝他。

陶孟和

民國九年十一月廿三日

歐洲和議後之經濟

英國坎斯著

陶孟和
沈性仁 合譯

第一章 緒言

安於環境的能力是人類的特性。十九世紀後半紀以來，西歐人民靠着生存的經濟組織的性質，是非常，不定，紛亂不可靠的，而且是暫時的，但是確實明白這組織的性質的人却是很少。我們把這特別，暫時的利益當作是天然、固定，並且可靠的，所以我們就接着這樣計畫。我們在這不堅固的基礎上，打算求社會的改良，裝璜政黨的黨綱，要滿足我們的大野心、我們自己還覺得手裏狠有把握似的，所以不去減輕歐洲各民族的衝突，反倒鼓勵他

德國人懷着顛狂的妄想，自私的慾望，把我們所建造的，大家藉以生存的基礎一朝顛覆

而英法當局者又冒着險用和議去成全德國人首先所破壞的。和議原來是可以補救的

，但是他果眞實行起來，勢必使那歐洲民族藉以生存的，柔弱，混雜的基礎，先前已經被戰爭所動搖顚覆的，更其破壞了。

英國的生活狀態由外表看起來，還一點沒有使我們覺得，或者明白已經過了一時代。我們從前放棄的生命的線索現在又忙着去揀起來，不同的地方，就是我們現在似乎比以前富足了。 在戰爭以前我們祇能花費幾百萬的數目，現在覺得可以花費幾百個百萬還毫不感痛苦似的。 這分明是我們經濟生活的能力還沒有剝削殆盡。 我們不但希望能夠恢復一九一四年原有的安樂，幷且希望今後的安樂比較從前更大，各階級都按那樣計畫的，但是如今財主的人花費得多而貯蓄得少，窮苦的人花費得多而做的工少。

或者祇在英國（或美國）可以這樣不覺悟。 誰也沒有聽得歐洲大陸上鬧的天翻地覆的聲音。 在那裏不僅是幾個奢侈問題和『勞働』問題，但是生死問題，饑荒和生存問題，還有那垂死文化可怕的顫動。

有人在停戰後之六個月內常在巴黎住的，偶然又到了倫敦，就生出一種狠奇怪的經驗。英國還立在歐洲之外。歐洲那種沒有聲息的震動也到不了他們耳中。英國是歐洲身外的一部分，並不是化身上的骨肉。但是歐洲自身是團結的。如同法蘭西，德意志，意大利，奧地利，荷蘭，俄羅斯，羅馬尼亞，和波蘭，這幾國都是血脈相通的，他們的構造和文化完全是一體。他們盛衰是相關的，這次戰爭他們一同捲入旋渦裏，雖然我們已經捐助犧牲了不少，（但是比較美國還少得多，）而經濟還是在外的。巴黎和議之所以破壞的原因就在於此。假使法蘭西和意大利以濫用他們暫時勝利的權力去勦滅這殘弱的德奧，來解決這次歐洲的戰爭，他們因爲與德奧有這種極深難解的糾葛，精神上，經濟上，潛存的關係，所以自己也要被滅絕。一個英國人親身列席巴黎和會，並且在這幾個月之中又爲聯盟國高等經濟議會裏一個會員，他的注意和觀察不得不變成一個歐洲人了，這是他新得的一個經驗。他在巴黎，——歐洲局面的神經中樞，——他腦筋裏那種英國人的偏見一定得去掉，而被別的可怕的幽靈所纏擾。和議時候巴黎是一場夢，在那裏的人都是有病的。臨頭大難卻懸在那游蕩輕浮的舞台上；以人的微小而且不中用，對面擺着的重大的事情；決議的性質又似重大，又似虛幻；輕浮，盲從，傲慢，和各方面傳來的擾亂的聲音。 所有從前種種悲劇的要素都聚在那裏。 一個人坐在裝飾得如同戲院式的法國宮殿內，看了威爾遜和克雷蒙梭那副非常的容貌，一種刻版的顏色，不變的樣子，要奇怪到底是他們的眞臉面呢，還是做戲的，或是做木人頭戲帶的悲喜兼備的假面具。 和議的進行，同時有這種非常重要又是不重要的神氣。 這次的議決似乎是滿藏着將來人類社會的問題，但是空氣之中還有這種聲音說，會議裏的話是空洞的，不中用的，不重要的，並且沒有效驗的，與事實不相干的。 因此更要使人起一種政治家運用腦筋不能阻遏運命，萬事都委之於運命的感想。 好似托爾斯泰所著的『戰爭與和平』或哈提所著的『朝代』裏所形容的。

巴黎高等經濟議會裏的人差不多每點鐘接到中歐東歐的困苦，騷亂，糜爛的那種報告。無論聯盟或敵國受的都是一樣。 還聽那德奧財政代表報告他們國裏精疲力倦的經濟狀況有無可駁詰的證據。 偶然到威爾遜總統那間熱而又燥的屋子裏只有那四大在那裏會議，所議的就不過實行他們空洞乾燥的陰謀，這種情形格外像在夢中了。歐洲問題之在巴黎雖然這樣驚慌，叫苦，假使到了倫敦看看，依舊是痲木不靈，漠不相關。因爲在倫敦有我們自已的小問題討論，對於這種問題離着狠遠咧。倫敦的人只知道巴黎的事情狠混亂複雜的，但是對於他沒有什麼趣味。在這種情形之下，英國人接到了和議的條約連讀都不願意讀。但是寫這本書的人，是受了巴黎的感化，並不是倫敦，他雖是一個英國人，只因爲新受的經驗，在腦筋裏太活潑，覺得自身變成一個歐洲大陸的人了。所以他對於近來最遠大的歷史上的戲劇，不得不津津有味的去研究。這齣戲也許可以剿滅這莫大的組織，也許可以創造出一個新世界來。

第二章　戰前的歐洲

一八七〇年之前歐洲各國產生他們的物品，都各有專門的，以大體看起來，產生的量恰好滿足他們的需要。他們的人口恰好與經濟的狀況相適合。

一八七〇年之後，大大的發達到從前所未有的狀況，所以在後五十年之中，歐洲的經濟狀況變成穩固而特別的了。 向來人口總是超過食物，以後因爲有美國食物供給的增加，才把兩方平衡起來，食物超過人口，仍是有史以來第一次的現象。 所以人數雖然增加，而食物還容易供給。 農業上大計畫的生產與工業上的大生產一樣成爲正比例的增加。 歐洲人口陸續的增加，他們一方面用殖民的方法移往到新地去開墾，一方面在歐洲利用多數工人預備工業上的出產和重要的物品，爲得可以供給那殖民的新家庭，還在築鐵路，造輪船，以便把遠方的食品和原料運輸到歐洲來。 到一九〇〇年爲止，工業上工作的單位所生的購買力，超過食物的增加量，一年多似一年，這也是當然的。 在一九〇〇年內這個發展的程序漸漸顛倒過來了，人在自然界裏報酬遞減的狀況又漸漸的顯出來了。 但是五穀的騰貴又被別的改良物所箝制；還有——一件最新希的——第一次受非洲熱帶那邊的供給得他們大宗油子的輸入，使歐洲的家庭裏可以得着又新鮮又便宜的食料，這種食料爲人類的主要食物。這種經濟狀況的極樂國，這種經濟狀況的烏托邦，是從前經濟學者所沒有預料的，我們大部分的人都在其中生活着。

這個快樂的時代卻忘了實現我們經濟學的始祖那種憂愁納悶的世界觀。 十八世紀之前人類沒有存着假希望。 在那時代的末後馬爾薩斯發見一個魔鬼，因此一般人都有這些普通的幻想。 前半世紀內，一般鄭重的經濟學者把這魔鬼表張得極清楚。 到了後半世紀又把他關鎖起來，看不見了。 現在我們也許又把他放出來了。

從那時代到一九一四年的八月爲止，在經濟進步的歷史上，是一段多大，非常的故事！大部分的人確是做事狠勞苦而生活又狠低，但是以表面上看來，有這種情況已經狠滿足了。至於要脫離這種景況也是容易的事，一個人只要有一點特別的資格，或是特別的能力，就可以進到中等或上等階級裏去，在那裏他生活的用度可以低，做事可以少，而他享的權利，快樂，安逸，比較別時代最富貴，最有威權的王爺遠勝萬倍。 倫敦的居民早晨還躺在牀上喝着他的早茶，一邊就可以打電話去定全地球的貨，無論什麼樣都可以辦到，他要多少分量人家一早就給他送到大門口了；同時用同種的方法，在無論什麼地方的新企業裏他都可以投資，不用一點苦心，不費一點力，就可以安然得將來的收成，享受將來的利益；或者他一時高與，或得到什麼通告，就可以把他的財產託付給那一洲都會的市民。　假使他要上那一國或是那一個地方去，他可以得又便宜又舒服的交通方法，並且用不着護照和種種形式，只要派他僕人往附近的銀行去取錢，買他要用的貴重物品，他拿了錢，就可以上外國去，即使一點不知道那國的宗教，語言，風俗，種種情形，都不要緊，如果稍受人家一點的干涉他反大惱起來以爲驚怪的。　他除了希望比這個更加便利，更加進步之外，以爲這種狀況是普通的，確定的，永久不變的。　如果稍有違反以上的便利之處就以爲非常的，笑話的，可以避去的。　軍國主義，帝國主義，人種文化的競爭，專買權，限制，排斥，這種種的計劃和政策都是天堂極樂國裏的狡蛇，他們只把他當作一種新聞紙上的笑話看；社會和經濟的生活事實上差不多已經完全化爲國際的，那些計劃和政策好像對於社會的經濟的生活普通程序沒有什麼影響似的。

歐洲經濟生活裏不穩固的要素在開戰時候已經發現了。　假使我再把其中幾端詳細的說明，可以幫助我們明白這次加於我們仇敵身上的和議的性質和結果。

(一)人口

在一八七〇年，德國人口大約有四〇，〇〇〇，〇〇〇。　一八九二年已經增加到五〇，〇〇〇，〇〇〇。　到了一九一四年的六月底竟增至六八，〇〇〇，〇〇〇了。　戰爭以前最近的幾年內每年增加的數目大概是八五〇，〇〇〇，其中一小部分移居他國的。（一九一三年德國移往外國的居民有二五，八四三人，其中到美國的有一九一二四人。）人口這樣大的增加所以還能夠生存的原因全係國內經濟組織的大變化。　德國從前是一個農業國，很能滿足他們自身的，後來一變而為工業國，如同一架廣大複雜的工業機器，這架機器的工作是靠着國內國外許多要素的平衡。　只有使這機器不息的極力的工作，他纔可以使所加的人民在國內有生活的位置，有購買外來貨品的資本。德國這架機器如同一只空箏一定要永遠在那裏轉，並且使他愈轉愈快，才可以保持平穩。

奧國的人口在一八九〇年大約是四〇，〇〇〇，〇〇〇，人，到了開戰時候至少是增加至五〇，〇〇〇，〇〇〇。　他與德國有同一的傾向，不過程度較低些，他每年的生殖額超過死亡額大約有五〇〇，〇〇〇，但是其中每年有二五〇，〇〇〇人移居國外。

要知道現在的情形我們得仔細明白德國制度的發展，使中歐成了人口最密的中心點。戰爭以前德奧兩國的人數不但比美國多，差不多等於北美全部的人數。以這樣多的人數擁擠在密小的境內。所以中歐陸軍纔有這大的勢力。但是這許多人——雖然經過這次戰爭究竟還沒有顯然的損失（一九一八年末的德國人數比較一九一四年初季大概少去二，七〇〇，〇〇〇人，這是以生殖減少，死亡過度來記算的。）——假使失去了生活方法危險於歐洲的秩序也不淺的。

歐洲的俄羅斯人口增加的度數比較德國還要多，在一八九〇年內不到一〇〇，〇〇〇，〇〇〇人，增至開戰時竟有一五〇，〇〇〇，〇〇〇人。（波蘭和芬蘭都在內，但是西比利亞中亞細亞和高加索在外。）一九一四年前最近的幾年俄國生殖額超過死亡額的最大量每年是二，〇〇〇，〇〇〇。俄國人口這樣過度的增加，是近年來最重大的事實，但是英國並沒有注意他。

歷史上重大的事情多原因於人口生殖的變遷和別的根本的經濟的原因。當時觀察者因爲變遷性質的緩漸，看不出這種原因卻歸罪於政治家的愚笨和無宗教家的狂妄　所以在前兩年中俄國社會有非常的變動，把那些彷彿是穩固可靠的都推翻了——宗教財產的基礎，土地所有權，政體和階級制度——這些變動的原因也許可以歸之於人。增加的影響，並不是列甯和尼古拉的影響；所以國民生殖過度的影響，也許比較理想的勢力，或政治獨裁的誤謬，破壞所有的習慣，還利害。

（二）組織

那些人民藉以生存的那個柔弱的組織，大部分是靠着組織的內部的要素。

差不多有三千萬人民住在俄，德，奧，三帝國內，彼此國境關稅的干涉已經縮到最低限了。各種貨幣都以金爲本位維持彼此固定的關係，足以便於資本和商業的流通，這種眞價値直到我們失去這個利益才覺出來。在這國境大通的大範圍之內所有的人民財產絕對安全的。

在這樣廣大，人口衆多的境界，和這樣長久的時代歐洲人民從來沒有享受過秩序，安全，畫一，這些幸福的要素。交通線路，煤的分配，外國貿易，所以使新人口密集的都會中心得成立爲產業的社會的，都依賴這些要素。這是人所共知不必用數目來攷證。但是現在要把煤的數目稍爲說說，中歐工業的發展，向來同英國一樣，以煤爲他的鑰匙。

德國在一八七一年所產的煤有三〇，〇〇〇，〇〇〇噸，一八九〇年產出七〇，〇〇〇，〇〇〇噸，一九〇〇年產出一一〇，〇〇〇，〇〇〇噸，到了一九一三年產出了一九〇，〇〇〇，〇〇〇噸。

德國爲一根中心的棟木，其餘的歐洲經濟制度都圍繞着他，大陸的昌盛全靠他的昌盛和他的企業。德國步步的增進實在給他鄰國輸出貨物的一個好機會，因爲他的商人的企業以賤價將重要的需要品供給鄰國，而使鄰國的生產品交換給他。

德國和他的鄰國彼此經濟上互相依賴的統計多至不可勝數。德國是俄羅斯，荷蘭，比利時，瑞士，意大利，奧地利，這幾國頭等的主顧；又是布列顛，瑞典，丹麥的第二等主顧；又是法蘭西的第三等主顧。他供給最多的是俄羅斯，挪威，瑞典，丹麥，荷蘭，瑞士，意大利，奧地利，羅馬尼亞，和葡萄牙，其次是英國，比利時，和法蘭西。

英國方面的輸出品除了印度之外以運輸到德國的爲最多，至於輸入品除了美國之外亦以德國的貨品爲最多。

歐洲各國除了德國西部的幾國之外對德貿易沒有一國不占全體貿易四分之一以上的；至於俄羅斯，奧地利，荷蘭，諸國的比例是更大了。

德國不僅在商業上供給他的隣邦，其中有幾國因爲他們自己發展的利益起見，還受他資本的供給不少。 戰前德國投資於外國的數目全體計算起來大概是一，二五〇，〇〇〇，〇〇〇萬磅，其中投在俄，奧，比，羅馬尼亞，和土耳其諸國差不多有五〇〇，〇〇〇；〇〇〇磅。 他用『和平侵略』的制度，但把資本供給這些國，並且還供給他們最需要的組織。策因河以東的歐洲全部都墮入德國工業的範圍內，而經濟的生活正與他適合。

但使同時沒有外部的要素和全歐共有的普通氣質通力的協助，這些內部的要素決不能維持人民的。 以上所說的情形的大部分的，並不僅限於中歐，也可舉以論歐洲全體。 以下所論是全歐制度共同之點。

(三)社會的心理

歐洲的社會和經濟是按着保全大資本的聚集組織的。　一方面平民生活狀態雖然不斷的有些進步，但是社會的組織是把大部分增加的收入都投在那用不着的階級裏。　十九世紀的新發戶，生活並不浪費，他們甯可捨去暫時靡費的愉快，而取投資的權利。　實在因爲財富分配的不均，所以固定財產和各種改良纔可以屯集。　這時代與別時代之不同就在此。　資本制度之所以應該存立也是這個道理。　假使這些新發戶把他們的錢財都享用了這世界也受不住這個制度。　他們像蜜蜂那樣貯蓄，積聚，雖然他們爲着自己窄小的期望，而其結果對於公共的利益却也不少。

於人類有極大裨益的固定資本的大積蓄是在十九世紀後半紀戰爭之前建造的。　假使在財富平均的社會中就永遠不會成立的。　十九世紀後半紀世界上所建築的鐵路，如同給後代一個紀念碑，和埃及的金字塔一樣，都是勞働的成績；那些勞働者不能把他們相當的工資的全部卽時都消耗，享用在愉樂上。

這種非常制度的發展是靠着兩方面的欺詐。　一方面勞働階級因爲他們無智識無能力，或是被強迫，被勸誘，或是被風俗，習慣，威權，和社會固定的秩序所欺騙，使他們所賺得的不過如同一塊餅的極小的一部分，這塊餅就是那些勞働者與自然和資本家合作的出產物。在他方面，資本家的階級可以以餅的大部分作爲他們自己的，幷且在理論上他們可以隨意的消耗，但是按着默認的條件，他們實際上消耗的狠少。貯蓄的義務成了道德的大部分，而餅的增長成了眞的信仰的對象。因爲餅的不消耗養成一班恬靜寡慾的本能，這種本能假使在旁的時代一定是隱居，或是把生產和娛樂的方法都放棄了。這樣所以餅才增長了；但是他們到底爲一種什麼結果那可沒有仔細想過。奉勸各人，並不是戒絕自身穩固或期待將來的快樂，但是要培植那個快樂緩着享用。貯蓄是爲自己的老年時代或爲子孫，但是這句話不過是理論的——這塊餅的性質是永遠不要消耗的，無論你或是你的子孫都不要用完的。

我這樣說法，並不是有意輕看那時代的行爲。社會於無意識之中却知道所做的是什麼。這塊餅之多少，與胃口的消耗量的比例相較，實在是極小的。假使把他均分給大家每人所得的決不會比現在再好的。社會的工作並不爲眼前小小的愉快，是爲將來人類的安全和改良——實在是爲『進步』。　假使不把這塊餅爪分，讓他去增長，他增長的數按着馬爾薩斯所預言的幾何的比例，照複利息計算也是一樣，也許總有一天可以分得彀的，那時候，後代的人可以享受我們的勞働。　到了那天也就沒有勞工過度，房屋不足，和食品不足的事情了。　人，享受了舒泰和身體上的必需品他就有能力可以從事較高的事業。　但是兩個幾何的比例可以相消，十九世紀的人只顧想那複利的渺茫的性質，卻忘記了人種的繁殖。

這種景象有兩層危隨：只怕人口仍然超出積蓄，而我們的克己並不增進我們的快樂，反增加了人數；又怕這餅在那消耗一切希望的戰爭裏頭先被消耗完了。

但是以上這些意思離我的題目太遠了。　我只要指明那根基於不平的積蓄的原理是戰前社會秩序的重要部分，也是我們當時認爲進步的重要部分。　這原理是全靠不堅固的心裏狀態成立的，這種心裏狀態現在也許不能再成立了。　有這樣大的積蓄而對於自身的愉快，舒服，這樣節儉我想並非人類自然的行爲。　這次戰爭發現了消耗的可能性，還使許多人知道節儉的妄誕。　如今這個欺詐的內幕是揭開了；勞働階級不再願意忍受得這樣利害；而資本階級對於將來不能再有信仰，或者要按所有的完全享受他們消費的自由，那樣是促進他們財產被沒收的時期。

(四)新舊世界的關係

戰前歐洲人民積蓄的習慣是維持歐洲平衡的外部要素最大的必須的條件。

歐洲積蓄了那些餘剩的資本，大部分是運輸到海外的。 歐洲在海外的投資一則可以使原料運送，和食物的新財源發達，二則使舊世界可以要求新世界的天然的和他未開拓的新勢力。 第二層現在是最重要的。 舊世界人很儉省的使用他每年應該得的供獻。 因爲歐洲的餘資使他們有新發達，便宜而且豐富的供給的利益確是享受了，倒沒有延擱起來。 但是在國外投資的錢財和利息的大部分又投資出去，並且讓他積蓄起來，把他當做一種預備金，爲得是預備一朝遇着倒霉的日子，那時歐洲的勞働者從別地方買不着賤價的物品，或者因爲歐洲歷史的文明和他處人口的增加把應該的平衡發生了危險。 因此全歐人民無論在國內從事文化的，或在國外冒險發展的，受新財源發展的益處是一樣的。

就是戰爭以前，在舊文明和新富源之間建立的平衡早已發生了危險。歐洲的繁盛，全靠着美國輸來大宗餘剩的食品，他出賤價可以得價高的食物。（所說賤價是按着他們自已的出口貨物所需的勞工計算）還因爲他們先前投資，所以每年用不着付錢，可以享受大宗供給的權利。第二個要素當時似乎沒有危險，但是人口增加的結果，在合衆國尤甚，第一個要素是很靠不住的。

美國未開闢的土壤初次產生物品的時候，該地的人口和地方上的需要比較歐洲的人口和需要少得多。最近如一八九〇年歐洲人口比較南北美洲合起來的人數還多三倍。但是到了一九一四年合衆國國內需要麥子的量和他們出產的量不差什麼了，所以快到只有遇見特別豐年才有餘剩的物品可以輸出的這種日子了。一九零九至一九一三這五年之中，合衆國國內所需要的，計算起來，要占據收穫的百分之九十有餘。自從一一九四年以後合衆國人口之增加有七八百萬之多。他們每人在每年消耗的麥差不多要六美蒲式耳，（一蒲式耳等於中國三十五升有餘）戰爭前合衆國的出產物量除去他們國內的需要五年之中只有一年剩餘的多一點。救我們暫時的急，只在一九一八和一九一九他們的大豐年，那兩年是被霍弗先生的保證價格所喚起的。但是合衆國不能永遠這樣極力的提高他們國內的生活程度的，因爲供給歐洲麥子并且不須給價。

當時漸使歐洲陷於窘迫的地步，並不是出產少，實在是生產費驟增的緣故。以全世界統算起來，麥子的量決計不會不彀的，但是因爲喚起一個相當的供給，當然要付較高的實價。在這種情形裏最好的要素就是把俄羅斯和羅馬尼亞兩國的餘剩物品輸去供給中歐西歐的缺乏。

總之，歐洲對於新世界財源的要求漸漸的不穩固了：他那裏的報酬遞減法終久再現出來，并且歐洲每年必得要供獻出去別的大宗商品，才可以換得同量的麵包；所以歐洲的供給的主要財源被解散了，他一定是受不了的。

一九一四年歐洲經濟的特別性質，還有許多可以描寫的。我特別選擇了三四個最大的不穩固的要素——第一是過多的人口靠着那紛亂虛僞的組織而生活的不穩固，第二是勞働階級資本階級心理上的不穩固，第三是歐洲的需要食品和完全倚靠新世界的供給的不穩固。

這次戰爭把這組織完全搖動，使歐洲人民的生活完全陷於最危險的地步。大陸的大部分都是病的要死；他的人口過分的增加以至於難以生活；經濟組織已經毀壞了，運輸的制度已經破裂了。而食品的供給尤其損傷了。

踐約和滿足公道這兩件是和平會議裏的事情；但是再立生命和醫治傷創也是要緊的。做這些事情要審愼，幷且要有古代聖賢對於勝利者所贊許的大量。　我們在後面幾章裏要研究和議實在的性質。

第三章　和會

第四第五兩章內我要詳細研究對德和約裏經濟和財政上的規定。　現在先考察對於規畫條約有勢力的人的要素，就容易明白這些條件的眞原因。　研究人的時候，我不免要討論動機的問題，旁觀者對於動機容易錯誤，並且沒有權利擔負最後的判斷的責任。　我在這章內有時候好像有要擅用歷史家常有的自由的地方，但是對於同時的人，說話時候雖然的確知道事情極詳細的，這個自由還是躊躇不敢擅用的。　假使讀者諸君想要明白世界的前途，須知道現在進行不已的人類意志的複雜競爭得用多少光明，——這光明雖然是靠不住的，不能獨照全體的，——他一定可以原諒我。　這競爭於一九一九年初幾個月裏，集中於四人身上卻是一種空前的情形，使那四人變成了人類競爭的縮影。

我所討論的幾段條約，是法國爲領袖的，所謂法國爲領袖就是這種確定的極端的提議，大概都由他首先規定的。 此中一部分也是一種手段。 如果打算讓步爲最後的結果，就得從極端開首；法國一起首就預定——如同旁人所料的一樣——兩層讓步的手續，第一層是合乎聯盟國和共事國方面的理想，第二層是和會本身內和德國的調和。 這些手段照事情上看起來是應該的。 克雷蒙梭在會議同僚中得了一個穩健的名譽，因爲他的內閣大臣每次有極端的提議，他總以智慧的，公正的，神氣攔住他們；但是英美的批評者還不知道眞正所爭之點在那裏的時候，或是法國的聯盟國抱着那種固執的評論，好像把他們自己置於敵人的方面，常替敵人說話，因此遭人抱怨的時候，許多的條約已經過了。 英美的批評者於他們自己的利益不重要的時候，對於事情當然不去注意他，所以法國人用不着極鄭重其事的，有許多提議就通過了。 幷且最後的決定不准德國人參預討論，所以把條約修改的機會也失去了。

法國除了用手段之外，還有一種政策。 克雷蒙梭對於他的閣員的要求雖然置之不理，在討論之中於法國利益上沒有關係的時候，他雖然閉着眼，裝出一種疲倦的樣子，但是他確乎知道那幾點是重要的，并且決不肯讓步的。條約內主要的經濟條文為一種智慧的理想，乃是法國的理想，和克雷蒙梭的理想。

克雷蒙梭是四大中最特出的人才。他對於他的同僚一個個的看得極清楚。只有他一人早有一種理想并且對於那理想的結果預先仔細思量過的。他的年歲，他的品性，他的智慧，和他的外表，幾樣合起來在雜亂的環境裏給他一個客觀的存在和一個確定的界線。人見了克雷蒙梭不會看不起他的，也不會不喜歡他的，但是人只可以對於文明人的性質另有見解或另存一種希望。

克雷蒙梭的形像和他的態度是一般人所熟知的。他穿着一件上等的厚而且黑的大絨方尾大禮服，手上帶着一副灰皮手套，永遠不脫下的；他的鞋是厚黑皮製的，材料極好，但是樣子是鄉下式的，有時候，狠奇怪的，不用帶子而用扣子，扣緊在前面。他的坐位在威爾遜總統的屋裏——四大開例會的地方（和他們樓下祕密的有侍從的會議的小屋是不同的）——是在向着壁爐的半圓形中間的一只四方的緞製椅子，左邊是 Signor Orlando 再左靠着火的是威爾遜總統，對着威爾遜在他右邊靠着火的是路易喬治。　他手裏也不帶一點紙張，或文書夾，他手底下雖有幾個專門討論特別事情的法國閣員和官吏，但是私人的書記和隨員等却一個也沒有。　他走路，做手勢，的樣子和他說話的聲音很有毅力的，自從他被刺之後，臉上顯出一種極老的老人的相貌，保存他的力氣爲得可以用在特別重要事情上。　他不常說話，關於法國的提議都讓給他的閣員或官吏去說；自己卻閉着眼靠在椅子背上，臉上好像毫無感覺似的，一種羊皮紙的的顏色，一雙帶着灰色手套的手挽着的擱在胸前。　有時候只說一句極簡短的話，或是極堅決的，或是嘲笑的、就完了，或者提出一個問題，或者無條件的取消他閣員的話，使他們臉上都過不去，或用幾句尖刻的英國話來表示他的固執。（四大之中只有他一人可以說兩國話，Orlando只懂法國話，路易喬治和威爾遜總統只說英國話，Orlando和威爾遜因爲不能直接談話，所以於歷史上關係很重大的。）

但是他想要說話，話就來了，要有感情，感情也有了，有時候忽然說了許多話，又跟着從胸地裏出來一陣咳嗽，他的話所以有影響並不是說得有理，因爲他的勢力和他說話可以驚人的地方。

有的時候，路易喬治說完了一段英文演說之後，等着繙譯到法文的時候，他就過去到威總統那邊在私人談話中用一種對人的辯論來增加他說話的理由，或者試探一種調和的方法，這時候就是混雜擾亂的信號。這時威總統的幾個顧問過來擁着他，一會兒那英國的幾個專門家一個個的過來問結果，或者探聽事情如何，最後那法國的過來了，懷着狐疑，深怕別人背着他們把事情商量好了，以至滿屋裏所有的人都站起來，嘴裏有的說英國話，有的說法國話。我最末所受最深的印象是這樣一場——威總統和喬治總理是騷擾和喧囂的中心，一大堆人臨時讓步或反對讓步的擾攘，所有擾亂的聲音，激烈狂暴的行為，實在什麼也沒有，究竟也沒有一個眞的問題，把早晨會議裏的重要爭執也都忘了，忽略過了，而克雷蒙梭靜悄悄的一個人離着遠遠的——因為那擾攘中於法國的安全沒有關係的——帶着那副灰色手套，高坐在那只緞製椅子裏，他的靈魂是乾燥的而他的希望是空的，一種極老極疲倦的樣子，他看着這齣活劇扮着一副鬼臉現出一種嘲笑的神氣；等到大家都息了聲音回到原座的時候，大家總知道他早已溜跑了。

克雷蒙梭之忠於法國如同 Pericles 之忠於雅典——他以法國爲無二的價值，其餘的什麼也沒有關係；而他的政治理想是俾斯麥克的主義。他心裏所念念不忘者——法國；心裏所沒有的——人類，法國人民和他的同僚也都在裏面。他的和議的原理單簡可以說明的。第一樣他自以爲很明白德國人心理的，德國人除了恐嚇之外什麼也不懂幷且也不能懂，對於談判沒有大量，沒有懊悔，所有的利益他都要占領的，幷且無論多大的範圍他不顧自已降級奔命要去求利的，至於名譽，自傲和仁慈這幾種性質他一概沒有的。所以你要和德國人談判或是跟他和解那是不行的，只好命令他。無論怎樣他不會敬重你的，無論怎樣你也不能使他不欺侮你的。但是我們不知道究竟克雷蒙梭以爲以上這些性質，是德國人所獨有的，而別國人的性質是和他根本上不同的。他的觀念是國際關係上沒有『感情』。他以爲國家是眞東西，隨便你愛他或是不理會其餘的——或是恨其餘的。你所愛的國家的榮譽是一個好目的，——但是須得你憐邦的犧牲。權利的政治是免不了的，從這次戰爭和所爭的目的，一點新的東西也學不到；英國如同前幾世紀裏一樣，毀了他商業上的勁敵。法國和德國爲榮譽奮鬥的一大章書就此告終。　因爲愼重起見，不得不將蠢笨的美國人和英國的假君子的幾個『理想』敷衍說幾句；但是相信世界上容納國際聯盟的事業或是國民自覺的原理那是最愚不過的；這些事情原來不過是一個巧妙的公式，爲得可以爲各人的利益將權利的均衡重新整理一下。

這些見解是大概的。　我們要追溯他以爲於法國權利上，安全上必須的和議內具體的條件，應該回到他生平以來活動的歷史上的原因。　普法戰爭之前，德法的人口是差不多的；但是德國的煤炭，鐵和船舶運送業極幼稚的，而法國的財富那是遠在德國以上的。　就是失掉了阿爾薩斯羅倫兩地之後，兩國的眞財源還沒有大差別。　但是自此以後，相對的位置完全改變了。　一九一四年，德國人口多於法國約有百分之七十；他成了全世界一等的工商業國；他的技術上的智巧和他生產將來的財富的方法，沒有人可以和他相抗的。　在法國這方面的人口漸有停止和減少的情形，比較別的國家，財富上和權力上他都落在人家後面。

這次戰爭結果，法國(得英美的協助)雖然得了勝利，假使有人以歐戰爲將來常有的，循環不息的事情，在過去一百年裏所有的幾大國的戰爭到了以後的一百年中還是要接續下去的。　按着他的眼光看起來，法國將來的位置還是不穩固的。　如憑這個觀察，將來歐洲的歷史將成永久的競爭。　這次法國固然是得勝了，但是這種勝利實在不能耐久的。　因爲相信人類的性是永遠不變的，舊的序秩根本上是不能改變的，并且懷疑所有國際聯盟那一類的輿論，所以法國的政策和克雷蒙梭的政策於理論上是不錯的。　假使和議寬大或用公平平等的對待，根本於威總統十四條的『觀念』，結果，只可以縮短德國恢復的時期，并且促進練成更大的兵隊，更優勝的財富，和技術的智巧，再現逼迫法國之一日。　因此有『保證』的必要；多一層保證就加一層惡感，深怕德國人以後的報讐所以更要預備壓服他們。　假使我們採用這樣的世界觀，卡塞吉式的和議是免不了的。（譯者按卡塞吉式(Carthaginian)的和議是一種威脅的和議，將德國懲治的俯伏在地的意思。）以暫時權力盡量的壓在他身上。　克雷蒙梭一點沒有假託他是爲十四條所束縛，至於有時不得不爲威總統留面子，這種把戲都讓旁人去做。

法國的政策竭力的要將一八七〇年以來德國所成就的進步打消了，如同把鐘的時刻倒退過來。以割讓領土和別的方法減少他的人口；但是最重要的就是毀壞他的新勢力，如煤鐵和交通事業所倚靠的經濟組織。假使法國可以得到德國被强迫而丟下來的，就是得到他的一部分，兩個勁敵爲爭歐洲的霸權而起的不平的勢力，在幾代之內總可以保持矯正的。所以發生這些層層的規定的原因爲得可以破壞這高大組織的經濟生活，這一層且待下章再討論。

這是老人的政策，他的最淸楚的印象和他最活潑的想像力是對於過去的並不是將來的。他看所爭之點衹於法德兩國的關係，並不是人類的問題，並不是歐洲文化打算前進到一個新組織的問題。他對於這次戰爭的觀念和我們的是不同的，他一點沒有預想，也沒有希望我們是在新世紀的門口了。

適巧所爭的重要之點，不衹是一個理想的問題。我做這部書的目的是要指出卡塞吉式的和議於實際上是不對的，并且不可能的。雖然那派制人伏地的思想他們也知道經濟的要素，但是他們沒有看淸楚那較深的，支配將來的經濟傾向。鐘點是不能退回去的。假使恢復中歐一八七〇年的狀況，就不能不在歐洲組織上設立拘束，並且任人類的精神的勢力，超出疆土和人種界限之上，不但推翻你和你的「保證」，並且推翻你們所有的制度和社會的組織。

用什麼把戲可以把克雷蒙梭的政策代替威總統的十四條並且威總統怎麼會受這種政策？要解釋這幾個問題是狠困難的，并且靠着人的心理和品性的要素和環境的細微的勢力，這些東西是極難看破的并且更難形容的。但是假使個人的行爲可以關係於大局的，威總統的失敗在歷史上是一件很重大的道德的事情：對於這件事情我要設法解釋的。總統坐了那只「華盛頓」船到我們這裏來，他於全世界人的心裏和希望之中占了怎麼樣的地位！他在我們得勝的初期到歐洲來是一個多大的人物呀！

一九一八年的十一月裏福煦大將的軍隊和威爾遜總統的言論忽然使我們脫出併吞一切的重險。這種情形似乎是狠好的并且出乎我們預料之外的。勝利總算狠完全的，在和議裏一點用不着怕的。敵人方面因爲信任和議的普通性質可以有一種愼重的契約；和議的條件可以保證公平大量的解決，還抱着一個恢復被破壞的生命的希望，所以才肯停戰，威總統親自到歐洲來，結束他的事業也是保證確實的意思。

威爾遜總統離開華盛頓的時候享受了世界的威名和道德的勢力，這是歷史上空前的事情。他的勇敢而且有分寸的話，帶給歐洲的人民，遠出乎他們自已的政治家之上之外的。敵國的人民相信他會實行與他們所結的契約，而協約國的人民不但把他看做一個得勝者，差不多還是一個預言者。除了道德勢力之外他還有一種實在的權力。美國軍隊的數目，訓練，和準備都是最優的。歐洲的食品完全是仰給於合衆國的；財政上更是仰他的鼻息。歐洲所欠合衆國的債不但已經超過他們所不能償的數目；幷且將來還要靠他的幫助才可以不至於凍餓，不至於破產。從來沒有帶着那樣的武器的哲學家，把世界上所有的君主都拘起來。當時威總統到歐洲的時候，各都會的羣衆怎樣的擁擠他的馬車！我們各人怎樣懷着一種好奇心，希望，欲以一見那定運命的人的容貌和態度爲目的，他從西方來治他舊文明的父母之傷幷且給我們一個將來的基礎。

那種念頭決計不能實現的，最信仰他的人對於這次的失望誰也不敢說一句話了。 他們問那些從巴黎囘來的人；是眞的嗎？ 和議眞是那樣壞嗎？ 總統到底怎麼樣了？ 他有什麼輭弱，有什麼不幸以至於弄到這種地步？ 他那樣失信實在爲我們所不料的。

失敗的理由是普通的，是人的關係。 威總統並不是英雄，也不是預言者；連哲學家都不配；不過是一個慷慨大量的人，人類所有的弱點他都有，但是缺有少力的智識的預備，這種預備在和會裏與那些陰險鬼蜮的人相抵抗是必要的；勢力和人格的激烈的衝突遂使那些陰險的惑人者出人頭地在取與的競爭裏爲得勝的主人翁——在這競爭裏他是一點沒有經驗的。

我們對於總統的觀念實在錯了。 我們知道他是很孤單并且相信他的意志極强而固執的。 我們沒有想他是一個留心瑣細的人，他的理會重要觀念却狠清晰，我們想他那種『清晰』與他的固執，連合起來可以掃除所有的混雜紛亂。 除了這幾種性質之外他有客觀的存在，修養，和學者寬廣的智識。 他著名的通告中的高超文字顯出他是一個高雅有偉大想像力的人。 他的畫像上的態度很好，有可以命令人的樣字。

他有這些點好處，所以在那器重政客技倆的國裏，以他漸增加的權威得着一個頭等的位置。所有以上這幾點好處都聚集在他一人身上；我們也不必過於苛求，爲現在的事情，已經足以運用了。

初次近前一看威爾遜，使我們先前所有的幻想，多少有點失望。他的頭和面部，正像他的相片好像用刀子切成的；頸上的肉和直挺的頭，是特出的。但是總統坐的時候，樣子比較着聰明一點似的。他的手雖然很有勁的但是缺少感覺和秀氣。第一面見總統，所顯出的還不止於此。不管他是怎樣的，他的氣質總不像一個學者，幷且如同克雷蒙梭和貝爾福那一代那一階級的精鍊修養的紳士所有的那種世界的修養，都沒有的。比這更重要的，他不但對於環境沒有感覺，他簡直是腦筋裏沒有環境。這樣的人，遇着路易喬治那樣毫無錯誤，幷且靈敏把他周圍的人一個個看得清清楚楚的，怎麼可以敵得過呢？英總理觀察着他的同伴，有六七種的感官是普通人所不能有的，品判各人的品格，動機，和意識下的衝動，研究各人所思想的，和各人所要說的話；用遠隔的本能調和他的理由和要求，正合他的聽的虛榮弱點和利己心。 那可憐的總統，跟他一比，簡直被他在和會裏耍着迷藏。 從來沒有一個人這樣完全的預備好了走到客室裏去爲那精練的總理犧牲的。 這舊世界是壞透了，舊世界的人心是鐵硬的，就是極利害的武士的利刃無論他多快也要被挫鈍的。 但是如今這個瞎而又聾的頓機武士（Cvn Quinote）跑到一個洞裏，他的敵人在那裏手中亂耍着明晃的快刀。

假使威總統不是一個哲學家的治者，那末他是什麼人？ 他費盡畢生的工夫在大學。他決不是事務家或普通的政客，但是有勢力有人格的重要的人。 那末論到他的氣質是怎麼樣的呢？

一旦找得這個線索是明瞭的。 這位總統像一個不奉英國國教的，或是長老會的牧師。他的思想和氣質完全是學神學的，不是智識的；兼有牧師樣的思想，感覺，及言辭的力量，和缺點。 這種樣子的人在英國和蘇格蘭地方現在沒有從前那樣莊嚴的標本，但是這種描寫可以使一般普通英國人對於總統有一個最清楚的印像。

我們腦筋裏對於他有這樣的一個像片，就可以回想到事情的實在情形。　總統在他的演說和通告裏發表對於世界的計畫有多少可歎賞的精神和目的；和他表同情的人都不願批評條件——這些條件還沒有放在演說和通告裏，他們都以爲狠對的，但是在相當的時候可以放進去。　巴黎和議開會的時候，一班人都想總統有那一大堆顧問的帮助，一定想出了一個極大的計畫，不祗是國際聯盟，幷且那十四條都要包括在和約裏面。　但是事實上總統什麽也沒有想出。　到了實行的時候他的思想如同雲霧似的，幷且不完全的。　他一點沒有方法，沒有計畫，沒有建設的思想，使他從白宮裏發出來的號令，合於實際的生命。　他祗能夠從號令上講一段說話，或是向上帝做一個禱告，來實現那些個號令；但是他對於歐洲實在的情形不能造出一個具體的應用。

他不但對於條件沒有主張，就是關於歐洲情形許多方面，也不知道靈淸。（或者是當然的）不但他不知這靈淸——就是路易喬治實在也不靈淸的——不過他的腦筋太遲鈍，幷且不能應付的。　總統在歐洲人裏有這樣的慢性是可以注意的。　他不能在一瞬間把人家的話都聽進去，也不能在一瞬間把四周的情形都看進去，并且對付事情，答覆辯論，一點不能稍爲變通論點。所以他與路易喬治那樣靈敏，了解，機警，的人相周旋怎麼不失敗。以第一流的政治家，而像總統那樣無能，并且沒有會議席中所需要的機警，是少有的。常有這樣的時候，假使你把你的提議再換一個方法說，可以帮助對於表面上似乎已經讓步了，而實際上於你還沒有妨害，而可以留他們的臉或與他們調解，這樣那實在的勝利是歸你的了。總統沒有這種簡單的普通的手段。他的腦筋太慢，太沒有計策。如同對付阜姆問題他極固執的，決計不肯有一點變通。并且也沒有別的方法保護他自己。他的對手只要事前用一點手段就可以使事情不至弄到那樣地步。人家只要用一種歡喜的樣子，表面上有一點讓步就可以把總統的位置移動，把他固執的成見都推翻了。等到他自己知道他在什麼地位，已經晚了。并且幾個月之中許多同伴總在一塊兒談話，那樣親密，要永遠那樣固執成見，也是勢所不能的。勝利只有一種人可以得的：他要十分了解全體的情形，保存他的火氣，知道那時候是正確難得的機會，就決心動作。關於這個那位總統腦筋變得太慢太糢糊。

他也沒有請求他那些顧問的團體的智慧來補救這些缺點。他周圍有一羣狠能了解條約中關於經濟各章的實業家；但是他們對於政治沒有什麼經驗，對於歐洲的觀念（除了一二人之外）和他一樣薄弱；並且只有特別事情用得着他們的時候，才叫他們進來。他在華盛頓可以發生効力的孤獨性質還保持着。他那種非常孤寂的天性不讓一個和他道德相近的人或能影響他的人近他身邊。他的幾個全權大臣都是木偶。就是最信任的哈斯大佐比較總統對於人對於歐洲的智識大得多，總統的遲鈍從他的感覺靈敏上得益不少，以後也漸漸落後了。所有以上的行爲四大同僚極獎勵他。自從十大會議破裂之後，總統自已的性質所提倡的孤單，更完全了。所以一天一天的，一星期一星期的，在極困難的境遇之下，他正需用各種的帮助，豐富的知識，纔可以成功的時候，反沒有人帮助，沒有人忠告；他單獨的與些比他尖利得多的人相密談。他自已爲他們的空氣所痲醉，按着他們的計畫和他們的資料討論望着他們的路上走。

這些原因和其餘種種原因聯合起來，才產出以下的情形。讀者諸君要知道這程序雖然縮成才有這幾頁，但是費的工夫極慢的，緩緩的經過五個月之久。

因爲總統沒有想出什麽來，所以會議都是以法國和英國的起草爲基礎。所以假使他要使草案與他的理想目的相合，他就得保持一種妨止的，批評的，反對的，執固態度。假使人家對於他有幾點顯得狠大量的，（草案裏非常荒唐的提議，常留着伸縮的餘地，沒有人當他爲重要的）。所以他對於旁的幾點也不得不有所讓步了。雙方讓步是不能免的，但是在重要之點，永不退讓是困難的。况且不久他即被人家指爲替德國人主張，受『袒德』的嫌疑。（對於這個批評他倒有感覺了）。

十國會議的初幾天裏，他表示許多主義和尊嚴之後，才發現了法英意各同僚的計畫中各有重要之點。他不能用一種祕密外交手段使那幾點取消。最後，他還可以用什麽手段呢？他可以固執他的成見，使那會議牽延到無限長。他可以破壞這會議，什麽也不調停，憤然歸回美國。他還可以超出會議去申訴於全世界的人民。以上幾條乃是一種可憐的發通辦法，這些方法有許多可以批評的。并且又狠危險的——特別爲一個政治家。總統對於國會選舉的政策失敗之後，他在本國的個人地位不穩固了，所以美國人民能否稍助他這種固執不受和解的地位還是靠不住的。　這就得要有大運動；這種運動所爭之點被各種人的關係和政黨的關係都蒙蔽了，誰可以說這種不能按他的眞價値決斷的競爭裏，公理確可以戰勝的。　幷且他的同僚與他決裂，一定把所有聯盟國人民的『仇德』的憤懣之情，都要加到他的頭上。　他們也不會聽他的辯論。　他們也不能冷靜的將所爭之點當做國際間的道德或是歐洲正直的治理。　一班呼聲不過是那位總統祇以各種不正的利已的理由，願意『饒了德國』。　法國和英國報紙上一致的聲音可以預料的。　所以他假使公然退出，或終歸於失敗。假使他失敗了，那最後的和平，比他保留他的聲勢，在歐洲政治所限制的情形之下，努力做去，或者還要壞。　況且假使失敗了，國際聯盟可以不失掉嗎？　國際聯盟不是將來人類幸福最重要的問題嗎？　條約是可以逐漸的改變逐漸的輭化的。　條約裏現在雖然有許多極重要的將來會減輕的，有許多現在不能實行的因此將來也不能實現的。　但是國際聯盟組織雖然不完備，也是永久的。　他是世界治理中的新原理的開端。　國際關係上的眞理和公道幾個月之中建立不起來的——他們要在國際聯盟的緩緩孕育中才能產生出來。　克雷蒙梭是極聰明的，只要以相當價值來交換，就可將國際聯盟全吞下去的。

總統到了運命危急的時候，變了孤立無助的人。　他奔波於舊世界的時候，極需要的是同情，道德的幇助，和人民的熱忱。　但是埋在會議裏，隱藏在又熱又毒的巴黎空氣裏，外邊也沒有應聲傳到，也沒有各國人民的感情，同情，或是鼓勵。　他覺得他初到歐洲時，受人恭維得人望的熱度已經冷了。　法國報紙竟公然的嘲笑他。　他國內的政敵乘他不在的機會，造出一種反對他的空氣。　英國對於他是很冷淡的，批評他的，不理他的。　熱忱和信仰的潮流已經在公然的源流塞住了。　他又不能從他四周的人和底下得到。　他要求團體信仰的勢力，但是得不到。　我們對於德國的恐懼還存在心裏，就是與他們感同情的人，也極謹愼的。　所以不應該鼓勵我們的敵人，應該幇助我們的朋友，現在還不是爭鬥擾亂的時候，得信賴總統可以做到極好的地步。　在這樣大旱的天氣裏，總統的信仰枯乾了，晒死了。

因此總統一氣之下，命令那隻華盛頓號準備好了，從法國欺詐之黨載他回到他威權之宮，在那裏他可以覺得還他自己。　咳，不料他一走到讓步那條路上去，上邊所說的，他那氣質和那的能力的缺點又顯出來了。　他可以唱高調；他可以固執；他可以從遼遠的發通告；他可以保存那種不讓人近他的僻性；在白宮裏和十國會議裏，固然是可以安然無事。　但是他走到四大會議裏，和他們是平等的極親密的那可一定要失敗的。

現在他那神學的或長老會牧師的氣質，卻是危險了。　他決定有些讓步是不能免的；他應該利用他的固執，他的演說，和合衆國財政的權力，甯可多少在文字上有點犧牲，去獲得實際。　但是那位總統對於他自己不能這樣覺悟。　他太忠厚了。　雖然現在必須讓步的，他始終是一個有宗旨的人，完全受十四條的拘束。　不名譽的事情他是不做的，不公平不正直的事情他是不幹的，不合乎他的政治的信仰他是不做的。　所以他那十四條文字上的靈感一點沒有減少；那些條件成了一部註解和解釋的文書，欺騙自己的一種智識的工具。　我敢說這就如同總統的先祖對於應該做的事情，和聖經上每一個字都要相合似的。

總統對於他同僚的態度現在就是：我要做得到的一定可以讓步；我知道你們的難處，你們提議的我也願意贊成；但是不公平不正當的事，我是不幹的；你們先得指示我，你們所要的是否合乎我所守的宣言的字句。　因此就運用那詭辯和耶教經註的方法來文飾全條約的文字和實質。　這班最狡猾的詭辯家和僞善的起草者大忙來了，產出許多精巧的藝術　　這種藝術，就是比較總統聰明的人，還可以被欺騙得過一點多鐘。

和約上不說奧國中的德國人不得法國人的認可，不准和德國聯絡，（這是不合乎國民自決的原理）那巧妙的草案說『德國依照奧國與聯盟共事領袖各國所訂條約中所畫定之國界承認並嚴格尊敬奧國；德國並承認此獨立資格非得國際聯盟會行政部之同意不能割讓』。　兩種話似乎是不同的，其實完全是一樣的。　但是總統忘了條約的又一部分內所規定的，國際聯盟關於這一類的問題得要全體一致的。

和約上不把唐齊格城讓給波蘭，却入唐齊格爲自由城，包括在波蘭稅關界之內，河流和鐵路都歸波蘭執掌，幷且規定『波蘭政府擔任唐齊格自由城之對外關係，並於外交上保護該自由城公民之在外者』。

條約上並不說明德國的河流得歸外國管轄，但是說『各河流中通航各段天然爲不止一國通海之路者，無論是否必須換船，』都認爲國際公河。

像這種例，舉不勝舉的。 法國政策之最誠實，最明瞭的目的，就是限制德國人口，破壞他經濟的組織。 因爲總統的原故，所以在這些條件上飾以自由和國際平等那種莊嚴的話頭。

但是最使總統的道德位置不固，使他思想最迷惑的，就是在最後的時間，出他一班大臣意料之外，竟會相信聯盟各國政府贍養費和安家費的支出都作爲『聯盟共事諸國之平民，因陸海空中之侵略所受一切損失』。 總統駁掉了許多條件之後，經過一個長久的神學的奮鬥，最末才降服於這詭辯之下。

最末，事情完了；總統的良心覺得一點還沒有損傷。 無論如何我相信他有那樣的氣質，所以使他覺得離開巴黎時候還是一個良心無虧的人。 就是直到今天他也許完全相信條約裏，沒有一件與他先前所信仰的不合的。

但是這件事情做得太牢固不可破的。所以才有這一齣戲中最末的悲慘的一段。無怪那德國代表 Brockdorff-Rantzau 說德國所以肯停戰，是因爲靠着一種可靠的保證，但是條約內許多事情，都與這些保證不相合的。不過這種話總統是決計不承認的。他滿身大汗的在那裏冥想，還禱告上帝他並沒有做了什麼不公平不正當的事情。假總統承認德國的答覆爲有理由的，那就要損傷他的自尊心，破壞他靈魂中內部的平衡，他那些固執性情的本能，都起來保護他自身。以醫學心理研究起來，假使告訴總統條約上的話都違反他的信仰，就是刺激他的根本的情緒。這個問題是受不住討論的。所有下意識的本能，都合夥的阻止他們，不能再探索的。

因爲這個原故，克雷蒙梭才能將幾個月之前以爲非常的，不可能的，爲德國人所不應該聽的提議通過成功。只要總統不像那樣太本着本心，只要把他所做的對於他自己不隱藏起來，就是在最末的時候，他還能夠恢復他已經失了的位置，還可以得到一點顯著的成功。但是總統是被人按住了。他的臂和腿被外科醫生縛住在一個固定的位置，假使要改變位置，一定要把腿臂打破了。 路易喬治到了最後的時候，曾經希望要和緩的；但是使他大喫驚的，就是在五個月之內告訴總統是公平的正直的事情、不能在五日之內勸告他那些事情是錯的。總之，要使這位長老會老敎友脫離迷惑，比要迷惑他還難，因爲這是有害他的自信心和他的自尊心。

所以直到最末，總統還是偏於固執，反對調和。

第四章　條約

我在第二章內所說的那些思想，巴黎人的腦筋裏，完全是沒有的。 歐洲將來的生活他們是不在意的，生活的方法他們也不思慮的。 他們所惦念的，好的壞的都有，都是些關於疆土，關於國民性，勢力的平衡，帝國的膨漲，減弱敵人的强固和危險，報讐，戰勝國所受不了的財政上的負担，移轉到戰敗者的肩上。

關於世界的將來有兩個拮抗的計畫——威總統的十四條和克雷蒙梭强權的議和。 但是二者之間，只有一個可以存在，因爲敵人方面並不是無條件的休戰，乃是對人和議的一般性質承認條件的。

關於這一端不能以一句話說盡的，因爲至少有許多英國人，對於這個問題有極大誤解。許多人以爲休戰條件就是聯盟共事國和德國政府所結的第一個契約，除了這個休戰條約可以束縛我們之外，我們到和會裏可以自由的。　但是事實上卻是不然的。　要解釋這位置，非得要考查議和歷史不可；這歷史就是以一九一八年十月五日德國的通告書爲開端，以威爾遜總統一九一八年十一月五日的通告書爲結尾。

一九一八年十月五日，德國政府發一個通告書給威總統承認這十四條並且要求議和。總統十月八日的答覆，請問德國政府是否確實承認十四條所定的條件，和他以後的演說，『他們加入和議的目的是專爲贊成實施這些條件實際上的細目』。　他又加上一層，休戰後第一個條件，就是在侵略疆界內的兵隊都得撤去。　十月十二日，德國政府對於這些問題爲無條件的承認——『加入和議的目的是專爲贊成實行這些條件實際上的細目』。　自從十月十四日得這個承認答覆之後，總統又通告說明三點。　(一)休戰條件得讓美國和聯盟國的軍事顧問辦理，並且要規定絕對不許德國再有開釁的可能性。（一）假使這和議進行，潛水艇的攻擊得要停止。（三）要求保證他所接洽的政府，須有代表國民的性質。　十月二十日德國承認了（一）（二）兩點，對於第（三）點據云，德國現在已有憲法和依着國會授與的權力的政府。十月二十三日，總統宣布『已經收到德國政府一個鄭重明白的保證，他們無條件的承認了一九一八年正月初八他在美國國會裏演說中所定的和議條件，（即十四條）和以後演說中所及的平和原則，特別是在九月二十七日的演說；幷且他們預備好了專等着討論實施條件的細目』。

他把以上的公事已經通告給聯盟各國政府，『內附一條提議，假使諸國政府打算要按着所指定的條件和原則去議和，』他們應該請他們的軍事顧問規定一個休戰條約，那條約性質『保證那些共事諸國有無限的權力可以保證幷且實行德國政府所承認的和議條款』。　在這通告書的末尾，總統暗示德皇退位的事情，比在十月十四日的通告書內所說的尤其顯然。這是和議的初步，只有總統一方面的，聯盟各國的政府不在裏面。

一九一八年十一月五號，總統將和他共事的各政府的答覆傳達給德國，幷且聲明福照大將已經受任命通告休戰條件給正式信任的代表。 協約各政府答復稱『除去下述除外問題，表示願意按威總統一九一八年正月初八在國會裏演說所規定的和平條約與德國政府議和』。除外問題共有兩個。 第一，關於海洋自由問題，他們『保全他們完全的自由』。 第二，關於賠償原文如下——『再者，一九一八年正月八日總統在國會的演說所規定和平條件曾宣言所有侵占的疆土都得歸還，幷且使所有軍隊完全撤去，讓他們自由。 聯盟國各政府覺得這個規定裏包含的意思不能有一點含混的。 他們以為這個規定德國對於聯盟國平民的損失，和德國在陸海空中之侵略對於各該國人民財產的損失都得賠償』。（這個保留的顯然的勢力在第五章內詳細討論。）

德國和聯盟國的契約的性質，自從交換文書之後，是極清楚無有異議的。 平和的條件應該按照總統的演說，和會的目的是『討論實施的條件』。 契約的情形是非常嚴重的約束的性質，因為條件中之一是使德國承認休戰條件，使他沒有法子。 德國專靠着那契約，聯盟國的榮譽專在履行這些條件，即使條件裏有可疑之點，也不能以他們的地位利用這疑點的。

至於拘束聯盟國自身的約契的內容，究竟是什麼呢？ 只要考查來往的文件，就可以知道的， 雖然演說的大部分是關於精神，目的，和主義，不關於具體的解決，並且許多問題須在和會裏解決的並沒有提及，但是有些問題，已經確實解決了。 聯盟國方面誠然在寬大的範圍之內，可以自由的。 還有關於精神，目的，主義的句子在契約的基礎上，狠難適用的——各人自己應該調查這些句子究竟是欺詐的或是假冒為善的。 但是看下文契約對於幾種重要問題，是狠分明的。

除了一九一八年正月十八的十四條之外，總統的演說關於契約的資料還有四個：——一個在二月二十一日會議之前，一個四月六日在Baltimore的，一個七月四日在Mount Vernon的，還有一個個九月二十七日在紐約的，末了這一個在契約內特別提到的。 我從這些演說裏把與對德條約最有關係的實質的約束選擇出來，但是已經說過的就不再重複了。 我所刪去的幾段於我所說的並不減色，因為那幾段關於主意解釋起來太空泛太普通不能按着契約的解釋。

與對德國和約沒有特別關係的我也刪去了。 十四條內的第二條關於海洋自由商業協約國不承認他，也刪去了。

* * * * * * * * *

十四條

(3)『除却各種關於經濟的障礙物，使貿易平等之利益普及於愛和平及保障和平的諸國』。(4)『設立正確的保證，縮小武裝至最低額，以能保護治安爲度。』 (5)『對於殖民地的處置，須推心置腹，以絕對的公道爲判斷，』注意有關係的人民的利益。(6)(7)(8)和(9) 都是講到被侵佔地的撤兵和恢復，特別對於比利時。 在這上面還加上聯盟國的附件，要求對於平民在陸海空中損失的生命和財產的賠償。(上文已經說過的) (8)恢復『一八七一年被普魯士所强佔的阿爾薩斯羅蘭』。 (13)波蘭獨立，『凡確爲波蘭種族所居之地均歸入其版圖』並『給以通海道之權利』。 (14)國際聯盟。

在國會之演說 二月十一日

『不得有併呑，補助，懲罰，的賠償等等……自決不是一句空話，是不能違反的一種動作的原理，如果政治家不依這原則正自求速禍…… 此次戰爭內各疆界上的修正須爲該地的人民的利益，不能爲戰鬥國間的調和或是要求的讓步』。

在紐約之演說　九月廿七日

（1）『絕對的公道，在我們情願給以公道的人和不情願給以公道的人之間不能有所區別』。（2）無論一國或數國的特殊利益，如不合於公共的利益，不能爲調和的基礎的。（3）『在國際聯盟，不能有其餘的聯盟，或是特別的契約和彼此之諒解』。（4）『除了國際聯盟內經濟懲罰的權利可以屏斥於世界市場外，作爲一種懲解和支配的方法之外，在聯盟內私自不能有經濟的聯合，和施用經濟罷業和排斥的行動』。（5）各種的國際條約須將全文通告於世界』。

這個聰明而且大量的世界計畫於一九一八年十一月五日那一天由理想和希望一變而爲各强國蓋印的嚴重契約的一部分。但是這計畫到混雜的巴黎失去了——這精神是完全沒有了，字句的一部分是沒有理會，其餘的句子是改竄了的。

德國當時根本於這樣的了解，才把武裝解脫的。以後將這樣的了解和後來强迫他們蓋印的文件上的規定一比較不相同了，所以他們才對於條件的草案加批評。德國的批評者極容易證明那草約之破壞約束和國際道德，正與他們自已破壞比利時的罪過一樣的。但是他們的答覆並不全與時機相稱。他們所答復的內容的大部分雖是狠公正重要的，但是稍缺乏寬大的態度和高尚的眼光。這次大事件深厚的感情狠應該引出冷淡的失望的客觀態度，但是答復竟缺少這個態度的簡單討論。總之，聯盟政府沒有理會他們，卽使德國代表在和議上可以說幾句話，我也不敢保於事實準有效的。

代國家發言者，常缺少各人應有的普通道德。政治家並不代表他的自身，乃是代表他的國家，所以他有這種報讎心，不忠信，和自負心，人家不能過分的責備他——這是歷史上所常載的。這幾種性質常見於戰勝者對於戰敗者的條約。而德國人並沒有用熱烈的預言的文字將此次交涉的性質——這次和議完全是不誠意——和歷史上各種交涉完全不同之點暴露出來。

關於這個問題，是要請旁人來寫，我是不討論的。我是專講和約的影響，不是他的公正與否——也不是對與敵人方面要下刑罰的公道，也不是在戰勝者方面履行契約的公正——但是要討論所定的條約是否聰明和他的結果如何。

我在這章裏要簡單的解說條約內重要經濟的規定，關於賠償條款和德國是否有能力賠還那些要求，留在賠償那一章內再爲討論。

德國的經濟組織在戰前所以能夠存在，全靠三種要素：(一)海外的貿易如同他的商舶，殖民地，國外投資，輸出，和海外的商業。(二)利用煤，鐵，和煤鐵產出的工業。(三)運輸和關稅的組織。其中的第一樣並非不重要的，但是最易毀壞的。爲條約的目的是要把三樣根本上破壞，但是對於第一第二兩樣尤其利害。

一

(一)德國把所有超過一千六百毛噸以上的商舶，完全讓歸聯盟諸國，自一千毛噸至一千六百毛噸的船隻讓歸一半，汽力網魚船及他種捕魚船讓歸四分之一。(條約卷八附件三第一條)　這種割讓的範圍還不止此，不祇是掛德國旗的船隻，并且德國所有而掛別國旗的船隻。和沒有造完全的，以及浮在海面上的，一概包括在內。（上述附件第一條）再者對於必要時，德國須代聯盟諸國建造他們所訂定之船隻，以五年爲限，每年得有二十萬毛噸的重量。（德國在戰爭以前幾年，每年造船除戰船外平均有三十五萬噸。）這些船隻的價值，就在他的賠償之中扣算。（上述附件第五條）

因此德國海上的商舶，完全掃盡了。多少年之後也不能恢復他商業上所需要的相當的標準。現在除了外國有餘剩的噸數或者可以從漢堡成立一條航線，沒有他自己的航線了。德國人得償外國人商業上的運輸費，這種價錢隨他們定的，所得的便利也要適合乎他們的。德國要恢復商港和商業的榮盛，祇有靠着他的力量，引到瑞典那威和荷蘭的商舶。

（二）德國須將『他在海外的屬地上所有的權利產業權』一概讓與聯盟諸國。（第一百十九條）這種讓與不但是主權，還有政府的財產的條件定的也狠不好的。政府財產包括鐵路在內，一定要沒有代價的交出。而德國政府對於因購買或建造這個財產或開闢殖民地所負的債務還應該担負。（第一二〇與二五七條）

近代歷史上最與此相類的割讓，而實際上的辦法完全不同的，就是德國人民私人的財產和生命雖然與政府不同也受極壞的影響。　聯盟政府關於德國各殖民地德藉人民之遣送回國，以及歐洲種之德國人民應按何項條件或准或不准在該地居住，或執有職業，均得行使職權，擇宜規定。（第一二二條）契約合同有利便於德國人民的都移交聯盟各政府，即抵做賠償之一部。

但是這些條件比較的還不算重要的。　那範圍更大的規定就是在從前德國殖民地裏『聯盟共事諸國保留權利得將本約施行時屬於德國人民或其掌握之公司所有財產權利歸爲扣留清理。（第一二一條及第二九七條（乙）扣留清理的利權實行與否並不在於賠償委員會乃是屬於該財產所在的（讓與或委託）疆土的某國家的。）　這種私人財產的整批的剝奪，聯盟國對於被剝奪的各人損失；一點不用賠償的。　所得的款項第一作爲償還德國國民對於聯盟國民的私人債務，其次作爲替代奧，匈，布，土，各國民償還聯盟國的債務。　如有餘款或由變賣的國家直接交還給德國，或由他們自已保留起來。　假使保留了，這款就交給賠償委員會在德國賠償中扣算。（第二九七條（辛）又卷十第四篇附件第四條）

總之不止於德國人以先的海外所有地內的主權和勢力完全撲滅了，并且在這些地方居住的，或是有財產的德國國民的生命和財產，也失去了法律上的身分和法律上的保障。

（二）上文說過關於德國殖民地的德國人民的私人財產的規定，除了法國政府或者允准特別的變通辦法之外，可同樣的施用於阿爾薩斯羅蘭兩省的德國國民私人的財產。第五十三條 第七十四條 這個規定比較在海外的相似的收沒實際上格外重大，因爲這裏財產的價格分外高，關係是分外深。 自從一八七一年以後，這兩省內的礦業之發達，和這兩省的德國人民的經濟利益，與德國自身的經濟有密切的關係。 阿爾薩斯羅蘭屬於德國差不多有五十年了——大部分的人民都說德國話——那地方是爲德國最重要的經濟企業的大舞台。 無論如何，那些居住在那裏的，或者投資於那邊的工業的德國人的財產，除了德國政府自己可出代價以外，法國政府有不用賠償卽可沒收的權力。 在阿爾薩斯羅蘭兩省住居的德國國民私人的財產和設立在該兩省的公司的產業，法政府有權沒收，都將這種款項作爲償還法國各種的要求。 使這種苛嚴的規定寬減，只有法國政府可以允許德國人繼續居住下去，不實行以上這種規定。 在另一方面，政府，國家，和都市的財產，一點不用賠償的，完全讓與法國。 這裏頭包括兩省的鐵路和所有的車輛。 一八七一年德國以阿爾薩斯羅蘭兩省的鐵路算爲法國賠償之內，而國家的財產則不能算爲賠償。 當時鐵路是爲私產。 以後鐵路歸爲德國政府所有的財產，雖然德國在這上面又加了極大的投資，而法國政府主張把他們按着處置一般國家財產的先例辦理。

但是交付了財產之後，而因爲那些財產所負的各種公債，仍由德國人担負。第五十五條和第二百五十五條這是按着一八七一年的先例 兩省絲毫不担負德國戰時或戰前所欠的重債返歸法國主權之下，而德國這樣交付也不能抵做賠償。

(四)沒收德國人私人的財產，不止於在德國殖民地和阿爾薩斯羅蘭兩省的地方。這些財產的對待方法，在條約之中雖爲重要的部分；并且德國代表在凡爾塞很嚴重利害的反對的，但是一般人對於他應該注意而不注意。 我想近代歷史上的和約對待私人的財產沒有像這樣的。 所以德國代表聲言這個先例一開，是對於私人財產的安全上，一個極危險極不道德的大打擊。 這句話也是過分些；兩世紀以來風俗和習慣所承認的國家的財產和權利與國民的財產和權利的區別，是人爲的。 這人爲的區別，除了和議條約外，也被別的勢力急急的淘汰．這種國家與國民的區別在近來的社會主義上也是不相合的。 這條約把向來所解說的國際公法的根本破壞倒是眞的。

關於收沒德國疆土以外的德國私人財產的規定，使負担重複，其中既然有了最嚴重的規定，可以使其餘的用不着了。大概說起來，這最嚴重的和範圍廣大的規定，沒有像那些比較特別的和有限制的規定定得那樣精細確實。這些規定如下：——

（甲）聯盟國『保留權利，得將其本境內，屬地內，殖民地內，保護國內以及按照本約而德國割讓於聯盟共事國之土地內，一切德國人民及其所掌握之公司所有財產權利利益扣留清理』。二百九十七條（乙）

這是以上討論過的對於殖民地和阿爾薩斯羅蘭的規定的擴充的條文。收沒的財產的價值的用處，第一，是償還德國國民所欠清算該財產的聯盟國國民私人的債務，第二是替德國從前的聯盟諸國賠償聯盟國的要求。有所餘剩的，如果清算該財產的政府以爲要保留的，即在賠償的賬上抵消。（卷十第三篇第四篇及第二四三條）這裏很重要之一點，就是那清算的政府並不是一定得把餘款交給賠償委員會的，假使高興決定，他們可以直接的交還德國。因爲這樣，合衆國如果願意，不管賠償委員會的意見如何，可以利用敵人財產管理者手中的大宗餘款，償付德國的食料。

這些規定發端於清算所的方法，來處置敵人的債務。按這提議他們希望可以減少些煩惱和爭訟，使加入戰爭的國家各自搜集他們國民對於旁的國民所欠的私人債務，（這種搜集的普通辦法因爲戰爭而停止的，）還有照這樣搜集來的款項，可以分配給聯盟各國之對於敵國有債權的，結果無論有餘或是不足都以現金清算。這個方法是兩方面的，互相的。但是只有一部分是如此的，就只對於商業上的債務是互相的。但是因爲聯盟各國完全戰勝，所以只合乎他們的利益，可以超乎這種相互的方法。那種辦法說明如下：在德國疆界內之聯盟國民的財產，依照條約的規定，仍歸聯盟國民業主，在聯盟國疆土內之德國國民財產，如上文所說的，由聯盟國保留，或是清償；結果使德國人所有的財產完全沒收，現在在聯盟國方面的敵產管理所之下或是與他相類的局所管轄內的大宗財產，可以永久保留。第二層德國人的財產，不但抵付德國人所欠的債務，幷且，『抵付該聯盟國或共事國人民關於在其他敵國境內之財產權利利益或其他敵國之人民所欠，』如同，土耳其保加里亞，和奧地利等國。括弧內的句子解釋起來很不明瞭的。辭句很寬廣的好像把私人的債務也包括在內。但是最後條約的起草內並沒有分明指出私人的債務。這種規定很可注意的，幷且當然不是互相的。第三層，德國私人債務上結淸之後，如有最後的剩餘，不必歸還原主，當爲德國政府賠償各種債務。對於在波蘭或其他新國內的德國人財產的規定，較爲減輕些，在這幾國內淸理所得款項，直接歸還業主。（九十二條。）使這些條有效，以文契，文件，和通告書作爲保證。卷十第四篇附件第十：『本約實行後六個月之內，德國應將其人民所執關於在聯盟國或共事國境內財產，權利，利益之證券，證書，文契，以及他種產業權利文件。：德國於無論何時經任何聯盟或共事國之要求應供給關於在該國境內之德國人民財產，權利，利益，或關於自一九一四年七月一日以來有關此項財產，權利，利益之任何交易之必要消息』第四層，聯盟與德國國民之戰前契約取消或是繼續有效，都憑聯盟國民的主張，所以所有於德國有利的契約一概取消，所有於他無利的還是繼續生效。

（乙）我們上文討論的都是關於聯盟國境內德人財產。以下的規定是關於驅除德國人民在他鄰國和他從前的聯盟國，或是其他國境內的利益。財政條款的二百六十條內規定『所有在俄國，中國，土耳其，奧國，匈牙利，保加里亞，或在以上各國的屬地，或在前屬德國或其聯盟各國，而按照本約須由德國或其同盟各國割歸任何國或由委託國治理之土地內之有益公衆事業，或讓與權利中『所有有益公衆事業或讓與權利』是一句不確定的話，那句話的精確解釋還沒有規定）的德國人民所有之權利和利益』皆可由賠償委員會於本約實行後一年以內，要求德國政府取而有之。

這一段解釋得很闊廣的，和上邊（甲）節內的規定有些重複，但是包括那些由俄羅斯，匈牙利，土耳其諸國分化出來的新國家和新疆土，這一層待說明的。因此德國在這些國的勢力都驅除淨盡。他在這些國的資本都收沒淨盡。這些國正是他將來的生命，和他的精力，企業，與技術的出路。

逐條實行這個計畫，給賠償委員加以一重特別事業，使他管理在那樣大的疆土上的大宗權利和利益，這些疆土已被戰爭，分割，和布爾塞維克所擾亂過的。戰勝各國分取贓物，須有一個有勢力的機關管理，（即賠償委員會）這機關的門口將要被二三十國的貪妒的資本家，冒險企業者擁擠污辱了。

祇怕賠償委員會不知道完全實行他的權利，所以又規定本約實行後六個月之內，將所有此類權利利益『無論其為業已獲得者，或須待他事之發生者，抑係尚未行使者，』通告賠償委員會，在這時期內並將所有未經通告的權利利益，一概讓與聯盟國(二百六十一條) 這種命令的性質，對於德國國民的生命財產，不在他本國內者發生多少効力，不得而知；但是所有以上所列的國家，都可以推行和約內相當的條文或用別的方法，受聯盟的權威的壓迫的。

(丙)還有第三個規定，比較以上所說的還要利害，有關於德國在中立國的利益。 在一九二一年的五月一日之前，按照賠償委員會所定的攤付數目及方法，他有權力可以要求德國繳付一，○○○，○○○，○○○，鎊，『或付現金，或以貨物，船隻，契劵及他物作抵』(二百三十五條。)這個規定結果是給賠償委員會於這時期內治理德國人各種的財產的一種特權。按照這個條文，他們可以指出在德國境界以內或是境界以外的各種特別事業，企業，或是財產，要求他們供獻與他們；他們的威權不止於擴充到在條約成立那一天的現有的財產，幷且到在以後的十八個月之中無論何時建造的或所得的財產。 例如，他們可以提出——假定一旦他們成立他們大概要提出——要求在南美洲德國最好最有勢力的企業，就是德國海外的電氣會社 (Deutsche Veberseeische Elektrizitaetsgesellschaft) 讓交聯盟國。 這條件是很分明而幷且都包括在內的。　這是賠款之中一種新原則。　以先賠款是有一定的總數目，賠償的方法是由被罰的國家任意計畫或是撰擇。　但是這一次這些被賠償的國家（在一定的時期內）不但可以要求一定的數目，幷且可以任意要求各種的財產作爲賠償的。　所以賠償委員會的權力，（下章我還要特別討論的，）不特可以索取賠償還可以毀壞德國商業和經濟的組織。

（甲）（乙）（丙）三種規定會集的結果（還有別的細微不重要的規定我也不必詳細提出）是剝奪德國（或是給聯盟國一種權力可以任意剝奪他——這種剝奪還沒有完全）按照條約上規定的所有在他境界以外的所有物。　不止於奪取他海外的投資毀壞他的關係，幷且還以同樣的撲滅方法，用在他從前的聯盟國的彊土上和他直接隣近的地方上。

（五）以上的規定恐怕一時疎忽有慮不到的地方，所以在條約內另外又加上幾條，這幾條於原來的條約實際上沒有增加什麼，但是值得一說可以顯明戰勝國以全部精神箝制戰敗國的經濟。

第一有關於邊界和放棄的大概條件：『在本約所定之歐洲德國邊界以外，所有前屬於德國或其同盟各國之土地上，或關於該土地之一切權利，產業權特權，以及此外無論如何得來之一切權利，產業權特權，凡與聯盟共事諸國相抗者，德國概行放棄……』（一百八十條）

下文還有特別的規定。 德國放棄他在中國所得的所有利益和權利（一二九條和一三二條。）還有對於在暹羅（一三五—一三七條）利貝利亞，（一三五—一四〇條）摩洛哥（一四一條）和埃及（一四八條）諸國內德國的權利和利益有同樣的規定。 在埃及不止於放棄權利，且按照一百五十條連普通的自由都奪去了，埃及的政府得『完全自由規定在埃及之德國人民所處法律上之地位以及德國人民如何得准在埃及居住之條件。』『所有因一九〇六年四月七日阿爾載西拉algeciras公約及一九〇九年二月九日與一九一一年十一月四日法德兩國所訂各協約而與德國之一切權利產業特權概由德國放棄……』

按照二百五十八條德國放棄參預『所有在聯盟共事各國，或奧國，或何牙利國，或保加利亞國，或土耳基國或該國之屬地，或前俄羅斯帝國有効的各種國際性質財政和經濟機關的權利。

大概說起來，戰前的條約和契約祇有利於聯盟國方面者依舊有效，至於有利於德國者概作無効。（二八九條）

這幾條規定比較那說過的條約，分明是沒有重要之點。這幾條在論理上不過是排除德國人民，箝制他的經濟，以利聯盟各國的結論。但是實際上對於制服德國並沒有增加什麼。

二

關於煤鐵的物定致使德國國內產業經濟上受永久的影響，比較現時金錢上損失的價值，尤其重要。德意志帝國實在並非靠着鐵血，乃是靠着煤鐵成立的。他們利用羅爾 Ruhr 上錫萊錫牙 Upper Silesia 和薩爾 Saar 的大煤田發展鋼鐵，化學，和電氣的工業，因此使他為歐洲大陸上的一等工業國。德國人民之三分之一居住在二萬以上的居民的都會裏，工業之集中，祇靠着煤鐵的基礎。所以這次打擊他的煤的供給，法國政治家的目標實在沒有錯。這種條約的要求眞是極端的過度，幷且是技術上所不可能，但是因此久後也許可以挽救這種局面的。

(一)條約打擊德國煤的供用有四種方法：——

(甲)『德國將薩爾流域之煤礦連同獨得開採之權利，完全割歸法國享有免除一切債務担負，以償法國北部煤礦之殘毀，並以償德國所欠因戰事而發生賠償債務之一部分』。(四五條)該區域在十五年之內，是由國際同盟管理，而該地的煤礦則永遠割歸法國。 十五年之後對於判決該地將來的主權的歸與，召集該地人民以股票的結果為斷；如果他們願意與德國聯合，德國須以現金贖回這些煤礦。(第四卷，第四篇附件第二章)

世界的批評對於薩爾這種處理，已經認為掠奪不正當的行為。 至於賠償法國煤礦的損失，在條約的別方面已經規定了。 德國的代表說得毫無矛盾之處，『在德國除了薩爾沒有別的工業的地方了，該地的人民沒有像那樣穩固，同質，(Homogeueous) 簡單的。 居民有六十五萬餘，一九一八年內在那裏的法國人不到一百人。 薩爾為德國領土已有一千餘年了。 至於法國以戰事的結果為暫時的占據，時間限於極短，到和議成立的時候，即恢復於德國。　在一千〇四十八年之間，法國治理該地只有六十八年。　按照一八一四年在巴黎所訂第一次的條約，該地的一小部分曾歸法國所有，當時的人民起了激烈的反抗，并且要求「歸回他們祖國，」因爲「於言語，風俗，和宗教都與德國相關係的。　法國占據了一年〇一季之後，一八一五年巴黎第二次條約已承認這個希望。　自此以後一直歸爲德國所有的，該地經濟的發展，也因爲是與德國的關係的）。

法德所以要這煤，爲得可以化煉羅蘭的鐵，他們按照俾司麥克的精神就取得了。　並非按先例不應該給法國，實在因爲按着聯盟國口頭上的承認，是不應該的。

（乙）上錫萊錫牙地方並沒有大城，不過有一個最大的德國的煤田。　他的出產額占全德國出產的硬煤的百分之二十三，以人民投票的方法割歸波蘭。　上錫萊錫牙在歷史與波蘭是毫無關係的；但是這地方的人民有波蘭，德國，捷克，斯洛瓦克諸種，但是關於各種正確的比例，是互有爭論的。　這地方的經濟完全是德國的；東德的工業全靠他的煤炭；如果把該地失去了，是給德國經濟組織上一個大破壞。

德國失去了上錫萊錫牙和薩爾兩處的煤田，他們煤的供給差不多要減去三分之一。

(丙)德國所有餘剩的煤，每年還要賠償法國在北部幾省因戰事所損失的和毀壞的煤田。按照賠償一卷內附件五第二節『德國担任於十年範圍以內，逐年按腦特 Nard 及巴特噶雷 Pas de calais 二處，因戰事被毀之煤礦所出比較戰事前每年短產之數，照數補還法國，此項補足短產之煤，在前五年內以每年二千萬噸爲限，後五年以每年八百萬噸爲限』。

如此項規定以外，沒有其他規定，倒是合理的。如果讓德國隨意處置其他財產，他也可以履行此項規定。

(丁)最後關於煤的規定是賠償一卷內大概計畫的一部分，按那個計畫賠償的總數，逐部的以各種物品，代替金錢，作爲賠償。德國按照下定辦法，交付煤或同等量的焦炭，(對於法國，此項交付是在割讓薩爾和賠償法國北部損失之外)做爲一部分的賠償：

(一)十年之內逐年須交付法國七百萬噸，法國於三年之內每年可得編蘇里Benzol三萬五千噸，柏油Coal tar 五萬噸硫酸阿摩尼亞 Sulphate of Ammonia三萬噸

(二)十年之內逐年須交比利時八百萬噸。

(三)交付意大利的數量，逐年的增加，第一年自一九一九至一九二〇計四百五十萬噸，自一九二三至一九二九這六年之中每年各八百五十萬噸。

(四)對於盧克森璧，如經指索，即按照盧克森堡於戰前每年消用德國煤之數量逐年照數交付該國。

以上條條的數平均大約有二千五百萬噸。

現在得按德國或者可以出產的量來考究這數目。戰前在一九一三年內出產量最高的數，有一萬九千一百五十萬噸。其中一千九百萬噸消耗在煤礦內，餘剩的（輸入與輸出相抵所剩的）三千三百五十萬噸是輸出的，還剩下一萬三千九百萬噸爲國內的消耗。剩下的煤的用途如左：

鐵路	一千八百萬噸
煤氣，水，電	一千二百五十萬噸
煤船	六百五十萬噸

家用燃料、小工業、農業	二千四百萬噸
工業	七千八百萬噸
總共	一萬三千九百萬噸

因爲失去疆土的結果出產量須減少：

阿爾薩斯羅蘭	三百八十萬噸
薩爾流域	一千三百二十萬噸
上錫萊錫牙	四千三百八十萬噸
總計	六千〇八十萬噸

按照一九一三年出產的數量，尚餘一萬三千〇七十萬噸，或者扣去在煤礦內耗消的，（大概）還剩一萬一千八百萬噸。幾年之內每年還要交付法國二千萬噸作爲賠償法國煤礦的

損失，二千五百萬噸給法國，比利時，意大利，和盧克森堡等國。（參看和約第八卷附件五，第十節）第一個數是最高的，而其次數在初幾年內得減少些，我們除去德國擔任輸出給聯盟各國四千萬噸之外，按照以上的數目，尚餘七千八百噸作爲他自己的消耗；比較戰前所消耗的量不足一半。

要將這種比較計算精確，更須從實際上修改。在一方面，戰前出產的數量不能作爲現在出產量的根據。一九一八年內的出產是一六一，五〇〇，〇〇〇噸，比較一九一三年少三千萬噸。在一九一九的前半年內除去了阿爾薩斯羅蘭和薩爾等處而包括上錫萊錫牙在其內，所產不到五千萬噸，與其一年的出產量壹萬萬噸之數相合。出產減少的原因，一部分是暫時的，例外的，但是德國的當局者承認其中幾個原因，將來一直要永久的；這種主張沒有被人駁過。有幾部分是和旁處一樣；工人每天每班作工的時間，半前是八個半點鐘，以後減至七點鐘，即使中央政府要恢復以先做工的時間，也是不可能的。並且還有，開礦用的機器又是狠壞的（因爲在封鎖時期之內，缺少某種重要的原料，）工人因爲缺少營養，身體上的效力大受損失（如果小小部分的賠償也得要滿足，營養不足的病是治不了的，——而生活程度還許要減低，）並且因爲戰爭的死傷，礦工的人數也減少了。以英國的情形比較起來，我們可以知道德國要有戰前那樣的出產量，是沒有希望的。德國的當局者計算出產的損失，在百分之三十以上，其中兩層原因：一是做工時間的縮短，一是別的經濟上的影響。這個數，據一般的看起來是合理的，但是我沒有這種充分的智識，去承認他或是批評他。

戰前的數目一一八，〇〇〇，〇〇〇噸淨（除去了所失的彊土和開礦時的消耗）好像要減少了，所以，因爲這幾種要素至少減到一〇〇，〇〇〇，〇〇〇噸。如果其中的四〇，〇〇〇，〇〇〇噸須輸出給聯盟各國，德國自已還剩六〇，〇〇〇，〇〇〇噸作爲國內的消耗。

要求和供給的量，因爲失去彊土，所以也要減少，但是至多減去不在二九〇〇〇，〇〇〇噸以上的，（這是假定德國的產業的企業減去百分之二十五，其他需要減去百分之十三）戰後德國國內的需要，假使還按着戰前的鐵路和工業那樣有效能，得要一一〇，〇〇〇，〇〇〇噸，而按我們假定的計算，還剩下的不過一〇〇，〇〇〇，〇〇〇噸，并且其中還要以四〇，〇〇〇，〇〇〇噸抵押給聯盟各國。

這個問題的重要，使我費了好久功夫，用統計的分析。對於精確的數目，當然不必看得太重要，因爲數目是假定的，可疑的。但是事實昭彰無可辯駁的。德國既然損失了疆土又失了他的效能，若是他還要做一個工業國，在最近的將來他決計不能輸出煤（幷且根據條約的權力，得向上錫萊錫牙買煤）。輸出每百萬噸，就得要停止工廠。一部分的停止固然還做得到；這種結果且等後來再討論。但是德國決不能，幷且決不肯，將四○，○○○，○○○噸的數每年供獻給聯盟各國，是顯然的。這些聯盟各國長官，告訴他們的人民說德國可以供獻的，實在是欺騙他們。使他們正在疑懼不知走向那一條路上去的時候，可以暫時得一點安慰。

和議條約有這些欺騙的規定，實在包含着許多將來的危險。那些財政大臣持以欺騙人民的賠償所得的妄想，等到一時得以延緩租稅延緩節流之後，也就聽不見了。但是關於煤的問題決不會輕易忽略過去的，——因爲這是法意兩國利益上最重要的關鍵。這兩國無論如何要想出計畫來使他履行的。因爲英法等處的出產被德國或戰事所破壞而減少，因爲別的小原因，如同運輸與組織的破壞，新國家政府的無能力，所以歐洲的煤的情形置陷於極危險的地步；（霍佛在一九一九年七月計算歐洲煤的出產，除了俄國和巴爾幹半島之外，由六七九，五〇〇，〇〇〇噸減至四四三，〇〇〇，〇〇〇噸。 一小部分由於原料和勞動減少；大部分由於戰後困窮努力弛緩，缺乏交通車輛和礦區的政治上的不穩）而法意兩國根據某種條約上的權力，加入在爭奪之內，決不肯輕易放棄權利的。

法意的理由也有很大的勢力，從某點觀察，實在有不可駁的勢力的。 這種情形可以說是德國的工業和法意的工業的問題。 如果德國供獻了煤，他的工業要毀壞；如果不供獻，法意的工業，就要受同樣的破壞。 既有這樣的情形，難道戰勝者沒有條約上的權力嗎？況且這些毀壞，又都是因爲現在的戰敗者的惡行爲呢。 但是這種感想和這些權力，如果出乎情理之外，中歐的社會和經濟生活的反動力，一定要超出原來範圍之外了。

但是這還不是問題之全體。 如果法意兩國可以由德國的出產內，補助他們煤的不足，北歐，瑞士，和奧地利等國的供給，從前受德國輸出所剩餘的煤的供給的，又一定要絕路了。

戰爭之前，德國有一三，六〇〇，〇〇〇噸的煤，輸送給奧匈帝國。 奧國所有的煤田差不多都在現在所謂德國民族的奧國界之外，所以德國民族的奧國，假使沒有德國煤的供給，他們的工業完全要破壞的。 德國的鄰邦守中立從前一部分是靠着英國的供給，但是大部分還是靠着德國，他們的危險也不減於奧國的。 這些國將要努力供給德國所最需要的原料，而取煤為報酬。 他們現在已經按這樣實行了。 因為貨幣經濟的破壞，國際間又通行以貨物交易。 如今歐洲的中部和東南部，金錢這東西不能為交易價值的標準，幷且什麼也不能買，因此甲國內有乙國所需要的貨品，賣給乙國並不為金錢而為一種互相的約束，使乙國將國內所有的貨品，而於甲國所必須要的報酬給他。 這種方法比較從前差不多完備的最簡單的國際交易，麻煩得多了。 但是在現在工業非常的情形的時候，這個交易方法，於獎勵出產方面，不是沒有利益的。 Ruhr 地方的牛油班（一九一九年六月十一的克崙報上所載Ruhr有六〇，〇〇〇礦工，允許加班做工——稱為牛油班——為得把煤供給丹麥，使丹麥的牛油援給他們。 換來的牛油第一是給礦工，因為他們為了這個特別做工的』 顯明現在歐洲交易的方法一直往下退步，幷且給我們一個經濟組織低落的景象，就是個八間與國際的貨幣和自由交易的破壞。 別的方法都失敗了，只有這個法子可以使他產出煤來。

但是如果德國有煤供給中立的隣邦，法意兩國也可以大聲要求他履行他的條約。　這個、理由像狠公正的，但是這種要求不能與事實相抗：德國的礦工祗肯爲牛油做工，沒有方法强迫他們爲沒有報酬的去挖煤，至於德國不供給煤給他的隣邦，於他經濟生存的需要的輸入品，又不能得到了。

假使歐洲煤的分配變成了一種紛爭；在這紛爭裏頭，法國可以首先滿足，其次是意大利，還有其餘的相機要求，這樣歐洲工業的前途是黑暗的，幷且爲發生革命最好的機會。　無論特別利益和特別的要求是根原於感情或根原於公理，也一定要因時制宜。　如果霍弗所定歐洲煤的出產已經減少了三分之一的計算果然差不多與事實相近，我們目下的急務，就是要按着各國需要大公無私的分配出產，並且要獎勵增加生產和運輸的經濟方法。　一九一九年八月中聯盟國的高等會議內設立一個歐洲煤炭委員會，內中有英，法，意，比，波，和捷克諸國的代表。　這是一個很聰明的方法。　假使正當的行使擴張他的權力，也許可以有好大的帮助。但是我把組織的提議，留在第七章內再說。這章內祇論這個條約，假使切實施行，結果是不可能的。（一九一九年七月煤炭委員會已看出條約不能實行，所以擬出變通辦法）。

（二）關於鐵礦的規定，雖然有狠破壞的影響，但是用不着詳細注意。所以用不着注意，是因爲那些影響是不能免的，一九一三年內，德國的鐵，有百分之七十五是由阿爾薩斯羅蘭產出的。阿爾薩斯羅蘭兩州的重要也是在此。

德國一定要失去這兩州，是沒有問題的。現在唯一的問題就是德國購買這個產物有多少利便。德國代表費了許多氣力想加入一條規定：德國供給法國的煤和焦炭，應該與羅蘭以礦苗相交換。但是他們沒有得到這條，能否交換還是任法國的意。

支配法國將來政策的動機不能完全一致的。羅蘭雖然有德國鐵礦苗的百分之七十五，但是羅蘭和薩爾流域兩處，共合纔有百分之二十五的熔鐵爐，礦產的大部都是輸入到德國本部。在阿爾薩斯羅蘭的綱鐵廠，大約也不過當全德的百分之廿五。所之暫時的最經濟的，最有利的方法，一定是和從前一樣，將礦產的大部分輸入德國去。

但是法國既然得回羅蘭的礦產，就打算將德國所賴以發達的產業，用本國的產業代替。但是等到法國的機械和技巧的勞動者發展，總要些時候。假使法國不能從德國得煤，卽使發展也沒有方法處置他的鐵礦苗。至於將來薩沙爾的運命如何，還在不可知之數，這也是擾亂那些想將來在法國設立新產業的資本家的計算的。

總之，這個問題也如其他問題一樣，政治的關係與經濟的關係極相密接。在自由貿易，經濟交通的時代，鐵在一個政治疆域內，勞動，煤，熔爐在他一個政治疆域內沒有什麼大關係的，但是現在的情形，人類的計畫，都是困窘自己，並且互相困窘。常願有團體的仇恨，不願見個人的幸福。按着現在歐洲資本社會的感情和衝動看來。歐洲鐵的出產，因爲新的政治疆域，(國民的情操和歷史上的公理需要這個疆域的)要減少是一定的；因爲國民主義和私人的利益都要加一個新的經濟的疆域。現在歐洲大陸最大的需要，就是要最能維持，最有効能的生產，以補救戰爭的破壞，滿足勞動所要求更大的報酬，而歐洲的統治，承認國民主義和私人的利益超乎這個最大需要之上。將上錫萊錫亞畫歸波蘭，也有相似的影響，不過局面小一點。上錫萊錫亞產鐵雖然極少，而因爲有煤，所以沒有許多熔爐。這些熔爐將來怎樣呢？假使德國從西方得不到煤的供給，他還會將他國中所存留的輸出到東方疆界以外嗎？這個產業的効率和出產率，一定要低減的。

所以這個條約，打擊到組織。組織破壞。更影響於全國社會已經減少的財富。近代產業全賴煤與鐵的，經濟的彊域要將煤鐵分離，不特減少有用物品的生產；或者因爲滿足政治條約的命令，或阻礙地方分業之發達，還要費了許多的勞動，運送煤鐵起來。

三

條約中關於德國的交通和關稅的規定，沒有以上所討論的那樣重要。這些規定，不過是干涉德國，苦惱德國；他們的影響並沒有什麼可惡，但是從聯盟各國的宣言看起來，實在是不名譽。讀者可按德國所賴以停戰止兵的保證，觀察以下諸項。

（一）零碎的經濟條款最先爲幾種規定；假使是相互的就與十四條裏的第三條相合了。關於德國的輸入輸出的關稅，禁令，限制等，德國擔任於五年內對於聯盟共事諸國與以最惠國的對待。 但是德國自身不能受這個待遇。（和約二六四—二六七條）

阿爾薩斯羅蘭輸出到德國之貨品，按照一九一一年至一九一三年平均每年運入德國之物產量數以下，於五年之內不付關稅。 但是德國輸出到阿爾薩斯羅蘭的物品沒有這樣的規定。（第二六八條(甲)）

波蘭輸出到德國的物品，於三年之內，魯克森堡輸出到德國的物品，於五年之內也有同樣的權利，（第二六八條乙丙兩節）但是德國輸出到波蘭，魯克森堡的物品沒有這樣規定。 魯克森堡享受加入德國關稅聯盟的利益，已經有了許多年，現在永遠的脫離。

於和約實行後六個月內，德國對於從聯盟共事諸國的輸入品所加的稅，不得重於戰前所適用的最優待稅。 此後二年半以內（前後共計爲三年）此項規定仍應繼續專施於某種貨物，特以戰前特種協定所規定的貨物，和葡萄酒，植物油，人造絲或去油之羊毛等類。 這個規定又可笑，又有害；德國因此不能保存他的有限的物產以購買需要品，還付賠償。 德國因為現在財富的分配情形，又因為時局不穩，個人財政上的浪費，所以充滿了從外國運來的奢侈品和半奢侈品。 德國已經有許多年沒有輸入這些奢侈品，但是這個輸入就要減少或斷絕了他的外國匯兌的微小的供給。 所以這些規定正打破德國政府勵行節省消費或在危險時期徵收租稅的威權。 聯盟各國既然從德國取流了他所有流動的財富，並且要求將來辦不到的賠償，現在更加入特別的規定，使他允許輸入香檳酒和絲綢正如他從前闊綽時代一樣、這不是冥頑不靈的貪婪嗎？

另有一條，如果實行，要影響德國關稅的管理，很廣遠狠危險的。 聯盟各國保留權利得於萊因河左岸軍隊占領區內『為保障該境內居民之經濟利益計，視為必要者』適用特別關稅辦法。 這條規定大概是補助法國在占領期間使左岸諸州分離德國的政策的。 在法國宗教之勢力之下，設立一獨立的共和國，為緩衝國，以實現法國驅逐德國退回萊因右岸之計畫，還沒有完全廢棄。有些人相信在十五年之內可以用威嚇，賄賂，誘惑諸種方法達到目的的。（參看和約四二八，四二九，四三〇諸條） 假使此條實行，萊因左岸的經濟制度確切的與德國分離，影響是要很大的。 但是陰謀的外交家的夢想，不見常實現的，我們還要等着將來。

（二）關於鐵路的條文，最先提交德國的，以後在和約上大有更改。 現在只限於從聯盟各國境內運往德國或通運經過德國的貨物，關於運費等，都須按照在德國路線上，依相似的運輸情形如運路長短等情受最優待遇。（和約三六五條此條於五年後可由國際聯盟會會議修改） 這條既然不是互相對待的，這就是干涉德國國內的組織，沒有理由的，但是這一條的實際的結果，和關於乘客運送的同樣的規定（和約三六七條）的結果，要看『相似的運輸情形』這句話如何解釋。（和約三七六條關於解釋及適用由國際聯盟判定）。

德國的交通因為關於讓出車輛的規定暫時要大受妨害。 按休戰條約第七節，德國交出火車頭五千個，車輛十五萬個『要可以使用，零碎物件俱全的』。 按照條約，德國要承認交出並且承認聯盟諸國有此項材料的權利。（和約二五〇條） 關於割讓的區域內的鐵路，德國須按照一九一八年十一月十一日以前最後所編細冊將全線和所有完善無缺的車輛全行交出。

（和約三七一條）換句話說，所割讓的鐵路對於德國車輛的全體破壞減少，不負責任的。

這個損失，以後慢慢的誠然可以補救的。但是因為缺少機器油，和戰時絕大的消耗，又沒有普通的修補，已經將德國鐵路上的效能降到最低了。廢行和約更可以保證這種情形將來持久，並且使鐵的問題和輸出業的問題更為困難。

（三）關於德國河道的規定，大部分是用不着的，與聯盟各國的目的不相關的，所以他們的主意如何是不可揣測。但是這些規定實在是開了干涉國內政治未有之先例，並且可以使這些條文發生一種効力，使德國完全失去支配他的交通的能方。現在的條約是沒有理由的，但是假使改正，也可以變為合理的條文。

德國重要的大河流的起源和出口都在德國以外。萊因河發源於瑞士現在一部分為他的疆界，到荷蘭入海。丹牛波發源於德國但是流域很長。愛爾勃起於卜希米亞，即現捷克斯洛瓦克國之山中。尼門河起源於俄國現在為東普魯士的邊界。諸河之中，萊因和尼門為疆界的河流，愛爾勃本來是德國的，但是他的上流於卜西米亞很重要。舟牛波在德國的一部分，只於德國最爲重要。奧特河除非上錫萊錫亞全民投票之結果是與德國脫離，完全是德國的河流的。

按照和約條文、凡河流天然爲不止一國通海之路者，都應該受國際的規定和相當的保證，不得加以歧視。這個原則爲向來統轄萊因河，丹牛波河的國際委員會所承認的。但是在以上的委員會裏，凡有關係的國家，都按着利益的多少，有代表的。這次和約却因爲這些河流的國際的性質，使德國河流脫離德國統制。

和約中規定不得歧視和干涉通行的自由幾條（和約三三二——三三七條）以後，更規定將愛爾勃，奧特，丹牛波和萊因諸河之管理，移交國際委員會。諸委員會最終的權利由『聯盟共事諸國訂立公約並經國際聯盟核准』（和約三三八條）委員會暫時先起草自己的組織大法，顯然是享有最廣大的權利，『特以關於實行保存管理改良河道及財政上管理，捐費之訂定及徵收及航行之章程』（和約三四四條）

但是和約也有可讚美的部分。通航自由是國際行爲重要的，各處都應該成立的。但是這些委員會可指摘的地方，就是會員問題。在各委員會裏，投票的權利有限制，使德國顯然在少數。愛爾勃委員會中，德國只有十票中之四票。丹牛波委員之組織仍未確定，德國委員也當然是在少數。英法兩國在各委員會都有代表。而意比兩國在愛爾勒委員會也有代表，什麼原因是不能尋出的。

德國的大河流這樣的交託給有廣大權利的外國團體執掌。許多地方的，國內的貿易（如在漢堡，馬格德堡，德列斯顛，斯特汀，福蘭克弗特，布列斯勞，烏爾姆諸市港）都要受外國的統轄。這正好比中歐的列强，關於英國的倫敦港，或泰姆士河濬浦局，占大多數似的。

此外細微的規定，也與我們所研究過的和約的性質相似。按照賠償一卷的附件三所規定，德國要將他的內地航運噸數的百分之二十割讓；除此之外，德國更須按照美國公斷員『體察各方面之需要尤在戰事前五年內之航業』所規定之數量將奥特，尼門，丹牛波河上的船隻讓出；所讓出的船隻須在最近製成各船中挑選。（和約三三九條）萊因河上之拖船，撥船，以及德國在羅德達姆（Ratherdam）港內之財產也是同樣處置（和約三五七條）萊因河經過法德兩國的地方，法國有利用水流灌溉或引水力之權，德國是沒有的。（和約三五八條）並且所有的橋梁也屬法國（和約六六條）最末，萊因東岸蓋爾Kehl為純粹德國港口，須與斯德拉斯堡為一機關辦理，以七年為期，由新萊因委員會選任法國國籍者管理。

和約的經濟條款包括很多，凡有可以現在割削德國的，或是阻礙他將來的發展的，一點也沒有遺漏。德國既然在這個形勢，他的賠償有多少，及如何償付法；在下章研究。

第五章　賠償

一　和議前的保證

聯盟方面有權可以要求損害賠償的種類，是由威爾遜總統一九一八年正月八日十四條的演說中有關係的條文限定；以後這個條文由聯盟各國政府的通告修正，這個通告由威總統正式的通告德國政府，即做為一九一八年十一月五日議和之基礎。這些條文在前章已經引過。『德國對於聯盟國平民的損失和德國在陸，海，空中之侵略，對於各該國人民財產的損失，都得賠償』。　這句話所限制的意思，更由總統在一九一八年二月十一日在國會鄭重言明（這個演說的條件爲對德所結契約顯然的一部分）不能有『補助』，不能有『懲罰的賠償』。

有些人以爲休戰條約第十九條的序文中『聯盟國和美國的將來的要求不受影響』的話，就把以先的條件都除盡，所以聯盟諸國可以自由提出來他們的要求。　但是偶然的一句，當然並沒有人認爲重要的，絕不能就把所有總統與德國政府在休戰之前相往還的正式通告爲媾和條件的基礎的都取消，把十四條都廢掉，把德國承認休戰條約當做對於財政條款爲無條件的降服。　這不過是起草員的尋常的句子，在述說各種要求時，防備讀者以爲這些種種要求已經完備的意思。　無論如何，這個主張在聯盟國答復德國對於和約第一次草案的批評中，已經解明，那復文中，承認賠償一卷，一定爲總統十一月五日的通告所支配的。

假定這個通告有拘束的效力，我們就要講明：『所有聯盟國的平民，因德國在陸，海，空中侵略所受的損失』這句話的勢力。　歷史上像這樣簡明無可疑惑的句子，而費了詭辯家，法律家多少的事（如本章下節所述）是狠少的。　有些人沒有猶豫的說定這裏包括所有的戰費，同爲他們主張所有的戰費要由租稅補足，而租稅卽是「損害平民」的。　他們承認這句話是累贅；如果要說『所有無論什麼樣的損失和支出』似乎更爲簡明。　他們更承認重言『平民』的生命財產的損害，是不對的。　但是他們以爲起草的過失，不能竟使聯盟各國失去勝者所當有的權利。

但是制限不只是這句話的自然的意思和重言平民的（以別於一般的軍事經費）損失。大家要記着，這句話的全文是說明總統十四條裏「恢復（Restoration）的意思。　十四條裏規定被侵占的地方的損害，如比利時，法蘭西，羅馬尼亞，塞爾比亞和曼特尼格魯Montenegro（意大利沒有括包在內，卻難以說明的）諸國。　但是這些損害，不包括潛水艇在海上攻擊的損害，從海上砲擊的損害（如在英國Scarborough地方）或空中攻擊的損失。　因爲平民的生命財產的損失，不能與被侵占的地方的所受的損失分別出種類來，須增補遺漏，所以聯盟國在巴黎的高等會議向威爾遜總統提出修正來。　我想在一九一八年的十月底，沒有負責任的政治家想向德國索戰費的賠款。　他們只打算申明（這是於英國關係狠要重之一點）對於非戰鬥員和非戰鬥員的財產的損害賠償，不限於被侵占的地方（十四條未修正之先，只限於被侵占區域）並且包括着陸，海，空中一切的損害。　人民對於賠款，要求包括所有的戰費，不過是在以後。　遂使在政治上可以實行不賦，並且設法發見在學理所沒有的意思。

假使嚴格的解釋我們所約定的，我們應該從敵人方面要求什麼賠償呢？　論到英國所有要求的條項如下：

（甲）　敵國政府之行為內，包括空中攻擊，海上砲擊，潛水艇戰事，及水雷對於平民生命及財產的損害。

（乙）　對於所拘留的平民，不適當的待遇的賠償。

這個不包括一般戰費或如因貿易減少的間接損失。

至於法國的要求，除上例二條以外，更包括

（丙）　戰事區域和因敵人戰線後空中戰爭，平民所受生命財產的損害。

（丁）敵國政府或其國民在其所占領之疆土內，搶掠食物，原料，牲畜，機械，家用什具，木料及其他之賠償。

（戊）賠還敵國政府或其官吏在法國都市區或向法國人民所徵收的罸款及徵發。

（己）對於逐去境外或强迫工作之法國人民之賠償。

此外另有一款性質稍可疑者：

（庚）救濟委員會爲維持敵國占領區域內之法國人民所備辦之必要之食物衣服之經費。

比國的要求也包括相似之條款。假使論定以爲比國的情形應該賠償較多，彷彿是一般戰費的賠款可說得過去的，這個只可以攻擊比國破壞國際公法爲理由，而十四條內並沒有據着這個理由有特別的要求。（和約中誠然包括着爲比利時的特別要求。和約內包括着爲比利時的特別要求，德國代表沒有異議的就承認了）。（庚）條的比利時救濟費和他的一般戰費，既然已經由英法美三國政府預先代付，比利時用德國所退的款一部分，是發還對於三國政府的債務，所以這種的要求實在是加在三貸與國的要求以上的。

其他聯盟國的要求也是同樣的編輯的。　但是他們這些國的要求問題更緊急。就是德國對於不是自已所做的損害，但是他的共戰國澳匈帝國，保加里亞和土爾基所做的損害，到底應如何担負責任。　這是那十四條所不能詳悉解答的一個問題：一方面他們在第十一條內，顯然的包括着對於羅馬尼亞，塞爾比亞，曼特尼格羅的損害，不論那損害是那一國軍隊做的；另一方面聯盟國的通告上說「德國」的攻擊的時候正應該說「德國與其聯盟」的攻擊。假使嚴格的按着文字解釋，我想對於土爾基在蘇彝士，澳地利潛水艇在阿德利亞海上的攻擊的損害，未見得應該向德國索賠償。　但是假使聯盟國想要牽强一點，他們不必與他們所約束的一般自的極端相反，也可以强加德國以意外的責任的。

至於聯盟各國自已情形又不同。　假使法英把德國所能償的得到，而使意大利，塞爾比亞取可以得到的澳匈帝國的殘餘，那就是一段極不公平，極無信實的行爲。　聯盟國自身之中，應該把財富放在一起，按着各國的要求比例分開。

論到這段事情，假使我下列的計算可以承認，德國的償還的能力，因爲聯盟國對於他的直接的合法的要求已經吸盡，他對於聯盟國意外的責任就是學術上的問題了。謹慎的，有名譽的政治家的政策，就要對於這個存着懷疑，並且除了德國自已所做的損害之外，什麽也不要求的。

按着以上要求的基礎，要求的總數應該是多少呢？ 現在沒有科學的或確實的計算可靠的數目，所以我就按着價値推想出來，先加以解說如下。

在被攻擊的區域所受物質上的損害的總數常常過於誇張，也是自然的。 在法國荒蕪的區域旅行一次，目裏想像裏所受的大印象，眞不能形容的。 一九一八——一九年的冬季，戰事區域的荒蕪景象，沒有恢復時候的，那戰爭的可畏，摧殘的影響顯然可見，範圍極廣。顯然是完全的破壞。 一望千里，一無所有。 房屋沒有可住的，田地沒有可耕的。 千篇一律也是狠可見的。 一個破壞的區域與他一個正相同——一堆瓦礫，一羣砲彈之孔穴，一團鐵絲。 恢復這樣的地方所需要的勞働，簡直是不能計算出來。 回來的旅行者，精神上印了破壞的樣子，用兆億還說不出那破壞的情形來。 有些政府因爲許多的狠明瞭的原因，利用這個感情，一點也不以爲慚愧。

我想論到比利時的時候，一般的感情大概是錯了的。無論如何，比利時是一個小國，而他的糜亂的區域，又只占全體的小部分。一九一四年，德國人第一次突進，在地方上有所損害，此後在比利時的戰線，沒有像法國那樣推過來推過去占了一大寬帶。在比利時的戰綫，是平穩的戰爭，只限於一小局部，而那局部中的大部分一直到現在還是不進步，貧困，昏靡不振，沒有國內最活動的產業。此外小的汛濫的區域，由退回的德國人誠心的毀壞建築，工場交通，又搶奪機械，牲畜和其他動產是有些損失。但是布魯塞 Brnssels 盎凡斯 Antwerp (Anvers) 和澳斯丹 Ostende 實體上是完全的，並且爲比利時最主要的財富的土地的大部分，都和以先差不多一樣的耕種着。乘自動車遊歷比國破壞荒蕪的戰區，從這一頭走到那一頭，還有時不知道那是戰區。而法國的糜亂與此大不相同。比國的產業，受德國的搶掠是狠利害的，並且暫時是痲痺不可收拾的。重新購置機械的費用，雖然慢慢的加增，但是比國所有的各種的機械，只有幾千萬就可恢復重買了。況且冰靜的統計學者不要忽略比國人所特別發達的個人自衛的本能。比國在休戰的時候存有大量的紙幣。這個可以顯出比國人至少有幾個階級，雖然在德國管理嚴重，蠻野的時代還可以想找出方法從德國方面獲利。（比國存有德國紙幣六十萬萬馬克）。據我所見，比國對德的要求總數，（為比國提出的高要求大概不只包括着糜亂，荒蕪，但是還有旁的條件，例如比國人假使沒有戰爭所應該得的利益和賺的錢。）比他全國戰前的財富還多，簡直的是太不負責任了。

現在引用比國財政部在一九一三年所印行的全國財富調查統計錄如下：

土地	二六四 百萬磅
建築	二三五
個人財富	五四五
現款	一七
家用什具等	一二〇
總計	一一八一

這個總數平均每人一五六鎊。司丹普博士 Dr. Stamk 於此項研究最爲專門的，他雖然不相信那些近來通行較高的統計，却想這個在表面上太低，只取比利時的鄰邦，如荷蘭平均個人的財富爲一六七鎊，德國平均個人的財富爲二四四鎊，法國平均個人的財富爲三〇三鎊。（見英統計學會雜誌，司丹普博士『列強之財富及收入』一九一九年七月號）若定比利時爲一，五〇〇，〇〇〇，〇〇〇，平均各人爲二〇〇鎊，大概是狠寬大的。比政府關於土地與建築的調查，比他項爲確實。而建築費之增長也應該算在此內。

我們既如上攷慮以後，相信比國財產因爲破壞及搶掠所受實在的物質上的損失最高也不過爲一五〇，〇〇〇，〇〇〇鎊。我雖然躊躇定一個更低的概算比通行的迥乎不同，但是假使把這個要求可以完全成立與此數相抵，已經就狠不容易了。對於徵收的稅，罰金，徵發等等或者可以更要求一〇〇，〇〇〇，〇〇〇鎊。假使把聯盟國借與比利時的一般戰費都包括在內，更須加上二五〇，〇〇〇，〇〇〇，（救濟費也在內）總數卽爲五〇〇，〇〇〇，〇〇〇鎊。

至於法國的破壞程度，更爲擴大，不只是戰線延長，並且還有戰事的範圍前後攻擊進退了數次。　普通謬誤的觀念是以爲比利時是此次戰爭主要的犧牲者。　但是假使把傷亡，財產的損失，將來債務之重累都算在內，比利時（除了合衆國以外）在戰鬥國之內是比較的犧牲最少的。　按比例說，聯盟國中以塞爾比亞所受的苦痛損失爲最大，在塞爾比亞之次卽是法國。　法國與比利時同爲德國野心之犧牲，法國加入戰爭同比利時是一樣的不可免的。法國大部分因爲他所受的苦痛所以在和會裏保持他的政策，但是也應該要求我們的大量的。比利時在一般心理中占特別位置的緣故，是因爲在一九一四，他在聯盟國中犧牲最大。　但是在一九一四以後，他占一個小位置。　結果於一九一八年之末，他的比較的損失，除去因爲打擊所受的苦痛不能用金錢計算的以外，遠落在各國之後，在幾個方面還不及澳大利亞洲。　我這樣說並不是想脫卸對於比利時的責任，我們負責任的政治家等，屢次宣言，已經判定我們的責任的。　除非將比利時正當的要求償付滿足，英國是不應該爲他自己要求賠償的。　但是我們或者他們對於數目的實數又爲什麼不聲明呢。

法國的要求固然是非常之多，但是如法國的統計學者自己已經指出來的，法國的要求也是過於誇張。法國的疆土完全任敵人占據的，沒有過百分之十，而確實的糜亂的範圍還不到百分之四。法國超過三五，〇〇〇人口以上的都會共有六十，其中只有兩個——雷姆斯 Reims（二五，一七五）和聖寬典 St. Quentin（五五，五七一）是破壞的，三個——里爾 Lille魯貝 Rovbaix 杜哀Dlouai 是被占據了，機械和其他財產被掠奪了去，但是沒有受實在的大損傷。阿米盎 Aniens 卡雷 Calais 丹克爾克 Dunkirque 和布龍 Bovlognl 因爲砲的轟擊和空中的攻擊受了間接的損害。但是博雷和布龍兩港口因爲英國陸軍建設了許多新工程，價值大增。

一九一七年法國統計年報 Annaire statistigne de la France 估計法國全國的財產爲二，三八〇，〇〇〇，〇〇〇鎊，所以法國通行的計算，只房產破壞的損失已有八〇〇，〇〇〇，〇〇〇顯然是太過的。（有名的經濟學者吉德 Charles Gide 在一九一九年二月的「解放雜誌」L' Emanoipation 上已經淸淸楚楚的勇敢有力的把此點指出。） 假定按戰前價格爲一二〇，〇〇〇，〇〇〇鎊，或現在爲二五〇，〇〇〇，〇〇〇鎊的數目，尙稍近正數。估計法國土地（建築物在外）的價値，爲二，四八〇，〇〇〇，〇〇〇，鎊乃至三，一一六，〇〇〇，〇〇〇鎊，所以定土地的損失爲一〇〇，〇〇〇，〇〇〇未免太過。負有責任的專門家沒有估定全法國的農業資本超過一〇〇，〇〇〇，〇〇〇鎊的。房產與土地以外，還剩有家用什具，和機械的損失，煤礦與交通上的損害，和其餘小宗款項。但是這些損失，無論怎樣利害，不過當法國的極小部分，不能按着幾萬萬的價値計算。總之，將法國北部被占領被破壞的地方自然上物質上的損失，開一個超過五萬萬鎊的價値，是很難的。我把損失的數目算出來以後，又碰見了統計法國戰前財富最博廣最科學的皮般 M. René Bupin 的著作（書名法國戰前的財富，La Richesse de la Jrauce devant la guerre 一九一六年出版）他的意見更確證我所定的數目。皮般估定被侵占地方物質的失損爲四萬萬鎊乃至六萬萬鎊，我的數目正是兩數的折衷。

但是狄布阿 M. Dubois 代表法下院的預算委員會，仍定了二，六〇〇，〇〇〇，〇〇

○鎊爲『最低額』。 戰爭的徵收，海上道路上的損失，和公共碑坊的損失沒有算在內。產業改造部總長盧希爾 M. Loucheur 在一九一九年二月十七日，在法國上院陳說糜亂破壞的區域改造經費總須三，○○○，○○○，○○○鎊。 此數比較皮般估定該處居民全財富，已多了一倍有餘。 不過當時盧希爾在和會裏主張法國的要求正占重要位置。 他和旁人一樣，也許以爲嚴格的眞實不能與愛國心所要求者相容。

以上所說的數目還不能包括法國要求的全體。 此外特別的還有在彼占領的區域的徵收，徵發，和法國因爲德國巡洋艦和潛水艇在海上的攻擊所受商船的損失。 大概二萬萬即足可以抵這些要求了。 但是我們使不至有虧損，假定法國各方面的要求增加至三萬萬，總計就是八萬萬鎊了。

狄布阿和盧希爾的演說是在一九一九年孟春時候。 法國財政總長克羅茲 Kloty 在六個月以後（同年九月五號）在法國下院的演說更沒有道理。 克羅茲的演說裏估定法國對於財產損害的要求（大概是包括在海上的損失等但是除恤金和贍家費）須五，三六○，○○○，○

〇〇鎊，或多過我的計算六倍。即使我的數目是錯的，克羅茲的數也不能認爲正當。法國的閣員欺騙他們的人民如此的利害，等到一旦事實暴露（將來關於他們的要求和德國償付的能力兩種一定要暴露的）。那個反動不只是打擊克羅茲，並且要打擊他所擁護的政府和社會。

英國的要求事實上只限於海上的損失——船隻和貨物的損失。人民財產因空中攻擊和海上轟擊的損失當然也要求賠償，但是論到我們所說的數目那金錢的價值是很微細的，五，〇〇〇，〇〇〇鎊或可包括一切，一〇，〇〇〇，〇〇〇一定是可以的。

英國商艦因爲敵國戰爭上的損失，除去漁船共二四七九隻，共有七，七五九，〇九〇毛噸。補償這些噸數，須費多少錢，意見太不一致。假定每毛噸須三十鎊，（此後造船業發達，這個數目怕太高）那要求總數就是二三〇，〇〇〇，〇〇〇鎊。此外更須加上貨物的損失，貨物損失的價值更全是妄想的。假定每噸爲四十鎊，大概可以算的最近的數目，就有三一〇，〇〇〇，〇〇〇鎊。船隻與貨物的損失共計爲五四〇，〇〇〇，〇〇〇鎊。

此外再加上三〇，〇〇〇，〇〇〇已經足夠包括空中攻擊，礮擊，俘擄及其他雜項。共計英國所要求的賠償爲五七〇，〇〇〇，〇〇〇鎊。 英國所要求的賠款數目比法國的少不了許多，比比國的還多，或者是可驚的。 但是要按英國金錢上的損失或經濟的損失計算，英國的商船的損失實在是大。

此外只剩有意大利，塞爾比亞和羅馬尼亞等國所受侵略或海上的損失。（希臘因爲地中海的危險，商船的損失非常之大。 但是那些損失全是爲其他聯盟的服務所受，都已由聯盟國直接或間接的償還了。 希臘商船爲他們自已國人所受的損失，並不甚多）。 我現在爲討論起見，假使這些要求都是對德的，就是那些要求不是直接原因於德，却是由於他的聯盟的，也算對德要求，但是現在不打算爲俄國有所要求。 （對於這個問題，和約上有保留一條，第一一六條云『聯盟共事諸國正式供留俄國得根據本約的原則，向德國要求歸還及賠償權利』）塞爾比亞的損失從人的方面看起，所受的雖然很大，但是因爲他的經濟的發展低下，按金錢計算並不算大。 司丹普博士引意大利統計學者馬洛伊 Maroi 的計算，塞爾比亞國家的財富是四八〇，〇〇〇，〇〇〇鎊即每人一〇五鎊，而此中的大部分是土地，沒有受永久之損失的。 因爲材料不充足，只可猜度這些國合法的要求的大概的數目，所以我只做一個揣測，假定各國的要求共二五〇，〇〇〇，〇〇〇鎊。

結果就是：

比利時	五〇〇百萬鎊
法蘭西	八〇〇
大布列顛	五七〇
其他聯盟國	二五〇
共計	二，一二〇

上邊數目許多是揣測的，特別是關於法國的數目容易使人批評。 但是這大概的數目與精確的數目相差並沒有大錯，是我所自信的。 我們敢說，對德的要求按着聯盟國在休戰前所約定的解釋，（上邊所採用的就是這個標準）一定在一，六〇〇，〇〇〇，〇〇〇鎊與三，

〇〇〇，〇〇〇鎊兩數之間。

這個數目，我們有權利可以向敵人要求。我有種種理由（以後評論）可以相信最聰明最公道的辦法，就是在平和會議上向德國要求二，〇〇〇，〇〇〇，〇〇〇，〇〇〇鎊爲最終的解決，就不必細研究細目了。這個可以有一個直接的確定的解決；向德國所要求的數目，假使許以優容，他並不是完全不能償付。這個數目應該任同盟國間按着需要和一般的平衡分配。

但是這個問題還沒有按着這問題的本價值決定。

二，和會及和約的條件

我想在休戰的時候，聯盟國負責任的人所希望德國賠款，也不過是聯盟國疆土上被攻擊和潛水艇攻擊的物質上的損害的賠償費。那個時候，狠有人懷疑到底德國打算承認我們嚴苛的條件與否。當時想，假使要求金錢的賠償而爲聯盟與輿論所未預料的，無論如何又不能得到的，至以繼續戰爭爲犧牲，也不是政治家的行爲。我想法國人始終沒有承認這個見解，這實在是英國的態度。休戰的條件就是在這個空氣裏頭定的。

一個月以後，這個空氣完全變了。我們發見了德國的情形如何無望。這個情形有些人（雖然不都是）已經預先測出的。但是沒有人認爲確定的。假使我們決定要獲得無條件的降服，也是可以得到的。這是顯然無可疑的。

但是這種情形中又有一個新要素，非常重要。魯意喬治看出平和立刻就要把他的個人的權勢所依賴的政黨上的聯合解散。因爲解伍軍隊，工業由戰爭的改爲平和的經濟狀況，私人的一般心理的反動等等，國內的困難就隨着發生。假使讓他們成熟，就都要變成他的政敵的有力的武器。所以鞏固他的勢力（他的勢力是個人的，並且行使勢力也不靠着政黨或原理，在英國政治上是非常的）最好的機會，顯然的是在戰勝的勢力衰減之先，開始活動的爭競，並且努力的靠着當時的情緒，建設新的勢力的基礎；有了這個基礎就可以勝過將來的不可免的反動。所以在休戰後不久的時候，魯意喬治以奏凱之人望，當他勢力權威最高的時候，下命召集總選舉。當時都看出這是政治上不道德的行爲。爲公衆利益起見選舉應該暫爲延緩，一直等到新時代的問題漸已分明，可以使國民對於特別的問題表明他的意思，訓諭他的代表。　但是私人的野心所要求的不是這樣。暫時都狠好。　但是等到選舉的運動已經進行，政府黨的候選人因為沒有有効的呼聲，覺得他們自己受牽制。　戰事內閣（War cabinet即英國因戰事而改組之內閣）以曾經戰勝的功勞，要求再繼續操政權。　但是一部分因為新問題還沒有畫分清楚，一部分因為聯立內閣的情形狠柔胞，（譯者按聯立內閣包括統一，自由勞働三政黨，打破向來政黨的界限所以首相的政策，不易籠罩一切）。　首相對於將來的政策是大概的或是沉默不說出的。　所以選舉的運動彷彿是平淡無味。　按以後的事實看來，聯立政黨不像有眞危險的。　但是包辦政黨的人極容易受人鼓動。　首相的神經過敏的顧問們告訴他，他不見得就可平安，不受危險的驚擾。　首相竟聽了這話。　包辦政黨的人要求動人聽聞的題目，以為運動。　首相就去尋去。

既然假定首相可繼續執掌大權為最首要的問題，其他的事，當然就有了。　當時有一方面鼓動，說政府沒有清清楚楚的說明不讓德國人輕輕了事。　澳洲首相休士 Mr. Hughes 當時要求大宗賠款，惹起極大的注意，諾斯克利夫公（Lord Northcliffe 譯者按此人曾爲報告部長，爲新聞大王有支配英國輿論的勢力）對於這個主張與以極大的援助。這個使首相一箭雙鵰。他採用了休士和諾斯克利夫公的政策，既可以偃息有力的批評，又可使他的包辦政黨的人，得最有力的黨綱，抵擋其他方面漸大的批評的聲浪。

一九一八年的總選舉是一段慘淡的歷史，顯明一個人的懦弱，他沒有受他自身眞的衝動的感動，乃是順着他當時周圍的空氣的勢力。自然的本能原來是正當的，合理的，首相的本能也是如此。他自已並沒有相信斷德皇死刑，或者應該或可以有大宗賠款。十一月二十二日，他和邦拿魯 Bonar Low 發了選舉的宣言書。宣言書裏關於這兩端都沒有提到，但是只說到解除軍備和國際聯盟。結論說『我們首要的任務，一定是正當的耐久的平和，立一個新歐洲的基礎，不至再發生戰爭』。他在解散國會前一夜在 Wolverhampton 地方演說，也沒有一個字提到賠償或賠款。翌日，邦拿魯在格蘭斯哥演說，也沒有答應什麼。他祇說『我們以聯盟國之一去赴和會，無論閣員怎樣主張，他不能在赴會之先在公衆前聲明他要對於某種特別問題取什麼態度』。　但是到了十一月二十九日，首相在 Newcastle 說『德國戰敗法國的時候，他使法國賠款。　那是德國自己所定的原則。　這個原則是無可疑的，我們也就要按着那個原則進行，德國一定要按着他的能力付戰費』。　但是他對於推行這個原則的實際上的困難，加了許多的『警戒的話』：『我們選定一個有力的專門家委員會，代表各種意見，仔細研究這個問題，告訴我們。　這個要求的正當，是無可疑的。　他應該賠償，他的能力所及，一定要賠償的。　但是我們不能讓他賠償乃至於破壞他們產業的』。

首相當時聲明，他打算要嚴重辦理，但是不要有得錢的過度的希望，或者是說定在和會取定何種態度。　當時謠傳金融界裏有某要人的意見是德國一定可以賠償二〇，〇〇〇、〇〇〇，〇〇〇鎊。　並且就是比這個數加倍仍不為過。　財政部部員的意見與此不同。　首相因為各顧問的意見這樣參差，就把德國賠償的能力算為未決的問題，他一定為國家最大的利益處去辦就是了。　至於十四條的規定，他始終沒有說到。

十一月三十日，巴恩斯 Mr Barnes 以戰事內閣閣員之一，並代表勞動的利益的，在演台上高叫『我是主張處死德皇的』。

十二月六日，首相宣布他的政策說『所有歐洲的聯盟各國都承認中歐諸國應該按着他的能力賠償戰費的原則』。

現在離着投票還有一星期。十二月八日，泰晤士報的社論題目是『使德國賠償』。

十二月十一日首相出最末次宣言書於選民，內有六項如左：

一　審判德皇。

二　處刑負有凶暴行爲的責任的。

三　從德國索最大的賠償。

四　社會上，產業上，英國是爲英國人的。

五　恢復在戰爭受損害者。

六　爲國民造更幸福的國家。

這是供笑罵派的材料。三個禮拜的選舉運動，遂使英國最有勢力的治者，降服於貪婪，欺詐，偏見，感情之計畫之下。　但是三星期前，他是狠清清楚楚的說裁撤軍備和國際聯盟，和公正的耐久的平和爲新歐洲設基礎的。

十一日晚，首相在 Bristol 演說，宣明賠款的政策有四原則，直是將最初的高見取消。那原則中的最要的就是（一）我們對於要求戰費全體，有絕對的權利。（二）我們打算要求全體的戰費。（三）由內閣所指命的委員會，相信這是可以做的。　四日以後他就到投票場去了。

首相永遠沒有說他自己相信德國可以賠償全體的戰費。　但是在選舉場上，他的擁護者解釋黨綱，就是更爲具體的。　使普通的選舉者相信德國就是不能賠償戰費全體，也一定可以賠償一大部分。　爲戰費的前途發生實際的自私的恐懼的和爲此次戰爭將情緒擾亂的，都可以藉此安慰。　所以爲聯立黨員投一張票，就是把德國制死，就是使德國代英國負國債。

這是首相赴巴黎前之空氣，這些紛擾，都是他自己做的。　他對於自己，對於政府約束，向無救的敵人索賠償，與我們嚴重的約束不相容。　敵人的休戰就是因爲信仰那個約束。

歷史上狠少這樣使後人可以饒恕的事，——這個戰爭，明明白白的爲維持國際契約的神聖而戰的，結果，竟致維持這些理想的戰勝者反破壞國際契約中之最神聖的。

姑不論這個事情的其他方面，我相信由德國要求一般戰費的運動是政治上不智的最利害的行爲，我們的政治當局要永遠負責任的。　假使魯意喬治或威爾遜已經了解使他們注意的最重要的問題，不是政治的，疆土的問題，乃是財政的，經濟的問題，並且將來的危險不是在疆界上，或主權上，但是在食物，煤炭和交通，那時歐洲的將來又是如何？　他們兩個人在和會長久期內，誰也沒有注意到這個問題。　但是無論如何，詳細聰明的討論這個問題的空氣爲英國代表對於賠償問題的任務所蔽。　首相惹起了希望，他就不能不在對德和約上主張一個不公正的。不能行的經濟的基礎，更使他與總統的意見相左，並且又與法比兩國的利益相競爭。　等到清楚看出從德國祇可以得到極少的東西，所以更須行使貪婪的愛國心，和神聖的自負心，從法國的更公正的要求，更大的需要，或比國的應該的希望裏奪取賠款。

但是歐洲的財政問題不能由貪婪解決。　救治財政的希望在大量。

歐洲要需要美國的大量，假使歐洲還要生存，他自己一定先要實行那大量。　聯盟諸國剛刼奪了德國，又互相刼奪，然後向合衆國求救，把歐洲各國（連德國也在內）恢復，那是無用的。　假使英國一九一八年的總選舉爲愼重的大量，不爲愚魯的貪婪競爭，那歐洲的財政景況要怎樣的好。　我仍然相信在和會裏，或在和會的初期，英國的代表應該與合衆國的代表深究財政狀況的全體，並且英國代表應該有權利提出具體的提議如下：（一）所有聯盟國間的債務完全取消。　（二）德國應該交付的賠款應該定爲二，〇〇〇，〇〇〇，〇〇〇鎊。（三）布列顛對於這個賠款放棄一切的要求，並且所有他應該取的權利都應該交付給和會爲輔助新成立的新國家的財政之用。　（四）爲得可以使信用的基礎即時可以致用，德國債務的相當的部分應該償付的，應物由結約各員保證。　（五）爲謀敵國的恢復，應該允許他們發行小量的債劵，有同樣的保證。　這種提議包含着請求合衆國的大量。　這是不能免的。　合衆國財政上的犧牲最少，這種請求也是公道的，應該提出的。　這種提議也是可實行的，一點也不是妄想的或夢想的，並且可使歐洲的前途有財政上的安固和再造。

關於這些提議在第七章再詳爲討論。　現在繼續說巴黎的事。　魯意喬治已經帶着紛擾來了。　其他聯盟國的財政長官的情形，比魯意喬治更壞。　英國的財政計畫，並沒有希望倚賴賠款。　收到賠款，多少有意外之財的性質。　以後雖然另有發展，而當時的希望實在是用普通的方法補充預算。　但是法意兩國不是這樣。　法意平和的預算沒有設法抵補；假使他們現存的政策沒有根本的改革，也沒有期望抵補。　現在情形和過去一樣，實在是無望的。　那些國都是向破產方面去行。　破產，只可希望從敵人方面得大宗的收入，可以瞞藏起來。　等到不能使德國在兩方面賠償，他們的債務不能卸在敵人身上的時候，法意兩國的財政總長也就不能安於其位了。

所以按科學討論德國償付，始終是辦不到的。　因爲政治上的急迫不得已而希望賠償，但是那個希望離實情太遠，就是將數目稍爲改正也是無用，簡直對於事實完全沒有理會。這種不眞實是根本的。在虛僞的基礎之上，豈可以建立可以實行的建設的財政政策。　只就這個原因推論，一個大量的財政政策，已經就是重要的了。　法意兩國的財政狀況如此之壞，除非同時可以告訴他們有解除他們困難的變通辦法，關於德國賠款問題，簡直是不能使他們聽道理。 據我看來，合衆國對於困頓擾亂的歐洲，沒有建設的議案提出，實在是合衆國代表的過失。

克雷蒙梭的擊倒德國的政策與法財政總長克魯茲的財政的必要的政策相對抗，也是可注意的一點。 克雷蒙梭的目的，是用盡方法，使德國柔弱，破壞；我想他常藐視賠款。 他不打算讓德國可以有大的商業的活動。 但是他沒有費心去了解賠款或了解可憐的克魯茲尾大不掉的困窮的財政。 財政家將幾宗大要求加入和約，倒沒有什麼危害。 但是滿足這些要求不能與制伏德國的政策相干涉。 克雷蒙梭對於非實際的問題的實際政策與克羅茲對於極實際的問題的掩飾的政策相合併，遂使和約內包括着許多不相容的規定，此中最甚者即爲賠償的提議不實能行的事情。

我現在不能敍述聯盟國的無窮的爭論和詭計，那爭論與詭計的結局，即是在數月之後，向德國提出賠償的一章。 歷史上少有這樣的議和的，如此的歪曲如此的可憐，與各方面以如此的不滿足。曾在會議裏辯論的，追思往事而不羞悔的，我不相信。我現在只分析世人都知道的那最終讓步的各節。

當解決最主要之點當然就是各項是否請德國償付爲正當。魯意喬治在選舉時的約束，以爲聯盟國有權利向德國要求戰事經費，本來是不能成立的。從大公的方面說起，就是勸告美總統說這種要求與休戰前的意思相合，簡直是出乎最能者的能力以外。最末雙方的讓步，就是以後發表的條文。

第二百三十一條『聯盟共事諸國迫於德國及其同盟各國之侵略不得不戰，以致其政府人民，遭受一切損失，其責任盡在德國及同盟各國，茲由聯盟共事諸國申明並由德國承認』。

這個條文做的好並且仔細。總統讀了以爲德國承認惹起戰爭的道德上的責任，而首相可以解釋做爲承認一般戰費的財政上的責任。第二百三十二條又說『聯盟共事諸國念德國富源因本約他項規定之故，不免永遠減削，承認其不敷賠償一切損失之用』。總統可以安慰自己說這是陳述無可疑的事實，並且承認德國不能償付某種要求，不必即是他有償付那種要求的責任。　但是首相可以指出這條文重在使讀者了解前條條文所陳述的德國在理論上的責任要担負的。第二百三十二條又說『但戰爭期內聯盟共事諸國之平民及其財產因陸，海，空中之侵略所受一切損失，以及本篇附件第一所列各種損失，仍由聯盟共事諸國責令德國完全賠償，並由德國担任照辦』　句中多爲休戰前的條件，爲滿足總統的猶豫，而所謂『本篇附件第一所列各種損失』與首相以加入附件的機會。

以上不過是辭句上顯出起草員的敏妙，沒有什麽害處，不過是在當時重要，於後世沒有重要的。　論到實質就在附件第一了。

附件第一的大部分是嚴格的與休戰前的條件相合，總之，卽使有逾越那條件的地方，也是可以辯解的。　第一節要求因爲戰事直接的影響而平民遭傷或身死者要求賠償。　第二節，因爲敵人殘忍，凶悍，或虐待的行爲而致平民遭受損失。　第三節規定因敵人在占據或侵略之境內，一切有害健康或有損工作能力或有傷體面之行爲而致平民遭受損失者。　第八節規定平民被敵人強迫作工所受之損失。　第九節規定除陸海軍工程材料外，財產因戰事直接影響所受之損失。第十節規定敵人對於平民所取的征斂罰鍰。所有這些要求都是公正的，與聯盟國的權利相合。

第四節規定因『不論何種虐待戰俘行爲所致之損失，』嚴格言之，就有可疑。但是按海牙和平會也可承認，所包括的數目也不大。

但是第五，六，七，三節就非常的重要了。這些節主張要求聯盟各國政府在戰時對於從軍者的安家費及津貼，及被傷害的軍人現在或將來所當付的卹金及賠償等費。在財政上，這幾條所加的數目狠大，實在是比其他要求諸項加倍不止。

假使只就感情而論，加入這些條的要求，是說得過去的，讀者很容易看出。但是從公正的方面看來，這是可怪的。例如一個婦人的住宅受毀反有權利索賠償，而一個婦人的丈夫死在疆場上的，反倒沒有索賠償的權利。又如一個農夫喪失田園的得賠償，而一個婦人失去丈夫的賺錢能力的，反倒沒有索賠償的權利。將卹金及安家費加入，是因爲利用休戰前的條件所定的標準的不嚴格的性質，所有因爲戰爭的損失，有的是由個人担任負責的，有的是分配於社會全體的。 但是因爲政府允許許多的賠償，個人所担負的實在已改爲社會所担負。 最合論理的有限制的要求的標準，不能是所有的戰事費用，應該只限於敵人違背國際約束或戰事習慣的行爲的。 但是這個很難實行，並且利於英（因爲他受潛水艇的不法行爲最甚的）比（德國是保證比國中立者之一）卽太不利於法國。

無論如何，上邊所說的感情，公正，是空虛的。 國家所發的安家費或卹金，是由那一項得來，於受安家費或卹金的沒有分別。 國家從賠款中得收入，可以解救一般納稅者的負担，也就是補戰事費用的。 但是休戰前的條件，是否完全思慮周到，合乎論理，或是還須修改，已經太晚不能討論了。 惟一爭論問題，就是休戰前的條件，是否只限於附件一之一，二，三，八，九，十諸節所規定的平民直接所受的損失諸類。 假使文字有意義，假使約束有効力，我們沒有權利要求國家所支出卹金安家費的戰費，正如沒有權利要求一般戰費一樣。 沒有人肯辯護說我們有權利要求一般戰費的。

實在經過的情形就是一種讓步！首相與英國選民所約束的戰費總額，和聯盟國在休戰時與德國所約束的折衷。　首相可以要求說他雖然沒有得到戰費全額，但是他受到了一重要部分，他向來申明德國償付的能力是有限制的條件的；並且現在的提案，按最穩健的專門家的計算，已經吸盡德國的償付的能力了。　一方面總統得到一個方式，不能算顯然的失信，並且免得因為一個問題與會議的同人相爭。　假使把這個問題宣布或為公開的爭論，凡感情的，情操的要求，一定都是反對他的。　首相在選舉的時候，既然有了約束，總統不能使他沒有公然的抵抗，就完全將他的約束取消。　並且卹金的呼聲，在各國裏一定狠有効力的。況且首相已經顯示他自己是一個高等的有手段的政客。

仔細研究和約可以看出還有困難之一點。　和約上沒有定明德國的債務一定的數。　各方面都批評這個，以為德國不知應該償付多少，給聯盟國多少，聯盟國應該收受多少，於德國於聯盟國都不方便的。　和約裏所想的方法就是在幾個月期間之內，將幾十萬個關於土地，莊田的建築及鷄的要求合計起來。　這實在是不能實行的。　合理的手續就是應該為兩方面定一個整數，不必去研究細目了。　假使在和約上定出那個整數來，這個解決就是更合乎辦事的方法了。

但是這裏因為有兩個原因是不可能的。 有兩種謊話傳播在各處。 一個就是德國償付的能力，一個就是聯盟各國關於毀壞區域內正當的要求。 定出這兩個數目是進退兩難。 假使定出德國可以償付的數目，不要太超過穩健的最明曉的專門家的計算，就遠少過英法兩國的普通希望。 假使定出損失的數目不至於使法比的國人太大失望，那麼，窮追，起來又不能證實，也要受德國人嚴重的批評。 許多人相信德國人已經將他們破壞行為的範圍收集了許多的證據的。

所以為政客謀那最穩當的辦法就是什麼數目都不說定。 因為這個所以關於賠償才有那許多麻煩的條文。

我擬了一個計算書，可以按賠償一卷附件一的要求相合。 我在本章已揣度要求的賠償（不將卹金及安家費算在內）共合三，〇〇〇，〇〇〇，〇〇〇鎊（按我的計算書的最高額）附件一所定的卹金及安家費，不是按着各國政府的實在的支出的賠償，但是按着和約發生効力的時候在法國所實行的標準計算出來的數。　這個方法可以免除合衆國或英國的生命價值貴，法國意國的生命的價值低的，不快的計算法。　法國的卹金安家費的定率是適中的，沒有英美兩國的那樣高但是比較意比塞三國的高。　計算時需要的條件，就是法國的定率和聯盟各國所動的員和死傷的人數。　這些個數目都沒有詳細的；但是關於各種費用的普通的標準，人數，和死傷有大概的數目，大概不至大有出入。　我所擬的計算書如左：

英國	一，四〇〇　百萬鎊
法國	二，四〇〇
意國	五〇〇
其他各國（合衆國在內）	七〇〇
共計	五〇〇〇

我覺得我所擬的總數，比各國應該分受的數，可靠一點。　無論如何，賠款裏加上卹金和安家費，就將原數大增加，差不多增加一倍。　如將卹金和安家費加在他項上，對德要求

共計有八，〇〇〇，〇〇〇，〇〇〇鎊。 我想這個數已經很夠高的；實際的結果或者比這個數還小。 在下一節我們要研究這個數與德國償付的能力的關係。 現在先討論條約上其他項。

一，一九二一年五月一日以前，德國就先應該從賠款總額內付一，〇〇〇，〇〇〇，〇〇〇。 他能否償付，以後再論。 但是和約上已備減少。 第一層，這個數目包括休戰後駐防軍的費用（按和約第二四九條，駐防軍費用德國付給，約有二〇〇，〇〇〇，〇〇〇鎊）。 但是『為使德國得以履行賠償之義務起見，凡聯盟共事領袖的國所認為必須接濟之食料原料，亦可由此數內購付』。 （第二三五條。 第二五一條又規定除食料原料以外。『其他不可不付之款』也包括在內，更可見此條之有力）這個制限是當重要的。 如條文所規定，聯盟各國各財政長官可以告訴他們的選舉者有早日得償付的希望，而同時這條文又可使賠償委員會當事實顯著的時候可以行使他的權力，退還德國所必須維持經濟的生存的。 這個審慎的特權可以使即時償付的一，〇〇〇，〇〇〇，〇〇〇，沒有什麼大害，但是這還不能算無害。第一，我在下節的結論說明在條內所定的期限以內，即使大部分退還德國，可以購付他的收入，也不能將此數籌出。第二，賠償委員會必須將所有德國的國外貿易和因貿易而發生的國外匯兌都管理，纔可以行使他的審慎特權，這個是出乎那個團體的能力以外的。假使賠償委員會眞正努力去收集那一，○○○，○○○，○○○鎊，並且認可許退還德國一部分，那中歐的貿易就要爲一個最無能力的官衙控制至死。

二，除去上邊所說的一，○○○，○○○，○○○鎊，須早期歸還外，德國更須償還不記名債票現金二，○○○，○○○，○○○；假使在一九二一年五月一日以前所償付的數目可用爲賠償者因爲核減而少於一，○○○，○○○，○○○鎊，則須於一九二一年五月一日償還不記名債票總數共合爲三，○○○，○○○，○○○鎊。（卷八附件二，第十二節丙條和約原文本定爲馬克，規定每二十馬克爲一鎊）這些不記名債票按自一九二一年至一九二六年按常年二厘半行息，以後按五厘行息加付一厘爲拔本之用。假使德國在一九二一年以前不能覓出贏餘以爲賠償，他就要從一九二一年至一九二五年每年覓出七，五○○，○○○

鎊，從一九二五年以每年一八〇，〇〇〇，〇〇〇鎊。

三，賠償委員會覺得德國可以償還的多，立卽再發二，〇〇〇，〇〇〇，〇〇〇鎊不記名債票，拔本方法由委員會核定。這就是對於以上的二，〇〇〇，〇〇〇，〇〇〇鎊還本如何不管。每年仍須償付二八〇，〇〇〇，〇〇〇鎊。

四，但是德國的義務還不止於五，〇〇〇，〇〇〇，〇〇〇，賠償委員會更可以要求發行不記名債票，直至附件一所規定的敵人的完全義務履行爲止。按着我所擬定的八，〇〇〇，〇〇〇，〇〇〇爲德國的全體債務，（人家狠像要批評他太低，）所餘的就只有三，〇〇〇，〇〇〇，〇〇〇鎊。假定爲五厘行息，不算拔本，每年要償還四三〇，〇〇〇，〇〇〇鎊。

五，還不止於此。此外還有更重要的。賠償委員會確知德國實能支應此項利息的時候，纔可以於三，〇〇〇，〇〇〇，〇〇〇鎊之外再發債票。但是『實能支應』不必就是當時匯去。從一九二一年五月一日以後，所有德國債務，凡未經交付現款或可抵現款之物件，或上邊所述之債票，德國都要付息。『利息常年五厘，但委員會將來體察情形，亦可酌減』。（附件二，第十六節）這就是債務時時增加按複利計算。假定德國在先不能償付大宗款項，此條規定所加的負擔是狠大的。按複利五厘行息，原本於十五年可增加一倍。

假定德國在一九三六年以前每年不能償還一五〇，〇〇〇，〇〇〇（就是三，〇〇〇，〇〇〇，〇〇〇鎊，按五厘行息，）那沒有付利息的五，〇〇〇，〇〇〇，〇〇〇，鎊就漲到一〇，〇〇〇，〇〇〇，〇〇〇鎊。每年利息有五〇〇，〇〇〇，〇〇〇鎊。那就是說德國就是在一九三六年以前每年可以償付一五〇，〇〇〇，〇〇〇鎊，他等到一九三六年欠我們的比現在還多過一半。假使他從一九三六年以後，只付利息，每年就須付六五〇，〇〇〇，〇〇〇鎊。無論那一年，他償還的少過這個數，他所欠的就比那一年的開始又加多了。

假使德國從一九三六年以後（即從休戰期起四十年後）三十年內可以償清原本，他一定每年更多還一三〇，〇〇〇，〇〇〇鎊，每年共償還七八〇，〇〇〇，〇〇〇鎊。

我以爲德國斷乎不能償付與此相若之數。那個理由我在下節解釋。所以除非條約可以修正，德國就是實質上將他所有餘剩的生產永遠交付聯盟國。

六，賠償委員會雖然有審慎的權力可以更改利息並可延緩或取消債務，這個情形並不因而少減。第一有些權力必然委員會或其所代表之政府全體一致，纔可行使。（附件二第十三節）但是更重要的，就是除非這個和約所代表的政策有全體一致的根本的改變，那賠償委員會的義務，就是每年從德國擠出最高的數目。按着德國償付的能力，定一個確定的極大的數目與定一個數超出了他的能力之外，而讓一個外國的委員會有審慎特權，得按按每年的情形抽出最高數目，這二者之間是大有不同。前者還許德國一點冒險努力，希望的發奮心。後者是每年永遠活活的剝削，無論那個手術怎樣巧，怎樣審慎，無論怎樣不肯將病者弄死，這個政策假使實存此心，認眞執行，人總是評定這是文明史上戰勝者最兇暴的行爲的。

和約上還規定賠償委員會其他重要的職務和權力，詳細見本章第四段。

三　德國的償付能力

德國可以償還債務的種類有三：

一　現金，船隻，外國的證券，可以立刻轉移的。

二　割讓的疆域內的或休戰時所交付的財產的價值。

三　每年攤還的一半是現金，一半是物品如煤，炭酸加里，和顏料。

德國在所占領地境內所取的財產都應歸還者如俄國的現金，比國，法國的證券，牲畜，機械，美術品等，都沒有算在右三項內。　凡可辨認，歸還之物品都須退還原主，不能放在賠償項內。　這是第二百三十八條明白規定的。

甲　立刻可轉移的財富

一　現金——按德意志帝國銀行 Reichsbauk 一九一八年十一月三十日的報告，政府所存現金除去須應歸還俄國之外有一一五，四一七，九〇〇鎊。　這個比戰前帝國銀行的報告的數目大，（一九一四年七月二十三日存有現金六七，八〇〇，〇〇〇鎊）這是德國政府當戰時用最有効的運動使人民將金幣以及各種金的裝飾交付帝國銀行的結果。　私人的窖藏一定還有的，但是看了已往的努力，無論德國政府或是聯盟各國都不像可以再找來的。所以這個報告可以認做德國政府能夠從人民搜括出來的最高額的現金。帝國銀行除了現金還有現銀約一，〇〇〇，〇〇〇鎊。此外總還有流通的一大宗，因為在一九一七年十二月三十一日帝國銀行的貯蓄仍有九，一〇〇，〇〇〇鎊，等到一九一八年十月末梢各種現金都競爭着收買的時候，還存有六，〇〇〇，〇〇〇鎊。我們可以定在休戰的時候金銀共有一二五，〇〇〇，〇〇〇鎊。

但是這些存着的現金已經不完全了。自從停戰至和約簽字的時候，聯盟各國須從外國輔助德國的食料。當時有德國的政治狀況和斯巴塔苦司派的危險，假使聯盟各國為其自身之利益，希望繼續與德國安穩的政府相接洽就不得不從事救濟德國。但是這些食料應該怎樣償付，是非常之困難問題。聯盟國與德國的代表在 Treves 斯怡，(Spa) 布魯塞爾，Bhatean Villette, 凡爾塞諸處開了許多次的會議，想找出償付的方法，總期望越無害於將來的賠償的越好。德國的代表自開始就主張他們的國裏暫時的財政上已完全枯竭，精疲力盡，只有向聯盟各國借款之一變通辦法。聯盟國正想要求德國卽刻賠償大宗賠款的時候，不能允許這個。但是除去這一端，如果德國所存的現金還沒有動，他的國外證券還沒有賣出；德國的要求也不能認爲正當。無論如何，在一九一九年的春天想要叫聯盟各國或美國的輿論可以允許借一宗大款給德國是萬不行的。而聯盟各國自然也不願意把可以充作賠償的現金都用盡購買他們的食料。費了許多時候研究辦法。最末大家認明，就是德國的輸出和可售賣的國外證券可以有十分的價值，那些東西也不能立刻就變賣；德國財政上既已十分竭蹶，除了帝國銀行的現金以外，沒有立刻可以用的大款項，是顯然的事實。所以在一九一九年前半年內有五〇，〇〇〇，〇〇〇鎊以上的數目由帝國銀行運交聯盟各國，大半爲食料的代價（大部分入於合衆國，布列顛也得了一重要部分）。

但是猶不止此。德國遵守休戰條約，不得聯盟各國的允許不得輸出現金，但是不能永遠不允許的。帝國銀行對於鄰邦中立國是債務屢有增加的，這個除去輸出現金沒有方法償還的。假使帝國銀行不能償還這宗債務，一定有傷害於德國的信用，使國外匯兌低降於將來賠償的影響是狠壞的，所以有幾次聯盟國的高等經濟會議竟允許輸出現金的。

以上各事的結果就是將帝國銀行的現金存款減少了一半，到一九一九年九月由一一五，○○○，○○○鎊減至五五，○○○，○○○鎊。

按照和約，這個數目可全數提出爲賠償之用。　這個數目不到帝國銀行所發行的紙幣的百分之四。　在國外的流通的馬克又狠多，倘若將此數完全提出做爲賠償，那心理上的影響，一定使馬克的兌換價值完全取消。　爲特別的事情只取出五百萬鎊一千萬鎊乃至二千萬鎊都可以的。　但是賠償委員會有鑑於這完全提出的辦法將來要影響賠償的償付，要完全毀壞德國的貨幣，特以法比兩國政府擁有以先德國占領區域內流通的大宗的紙幣，卽使不爲將來的賠償，也須維持馬克的兌換價值，所以賠償委員會當然是不肯提款的。

所以一九二一年應該到期的初次付款一，○○○，○○○，○○○鎊，無論是現金，或現銀，無論如何是付不出來的。

(二)船舶。——德國應將他所有的船舶都完全交付給聯盟各國的。　有一大部分的船隻在結和約的時候已經由在港口稽留或者遵照布魯塞爾協議關於運送食料暫時轉移噸數已經歸入聯盟各國的手裏。 計算德國按照和約應該交付聯盟各國的船舶共四，〇〇〇，〇〇〇毛噸，每噸價值平均合三十鎊，總數共須值一二〇，〇〇〇，〇〇〇鎊。

(三)國外證券——一九一六年九月德國政府調查了全國的國外證券，但是沒有發表。在此次調查之前，沒有調查過，所有私人的報告都是基礎於不可靠的資料，如德國證券交易所的國外證券，印花稅的收入，領事的報告等。 據各專門學的者推度，大概國外證券的價值總在一，二五〇，〇〇〇，〇〇〇鎊以上。 我想這個數過於誇大，但是我以這個數為我計算的基礎，大概也不過在一，〇〇〇，〇〇〇，〇〇〇左右。

從這個總數上要減去以下四項。

(甲) 在聯盟國與合衆國的投資，已占大部分，已經為敵僑產業管理局等機關押收，除去用以歸還私人債務以外更有贏餘不能用為賠償。 按上章所計畫處置敵人債務的辦法，第一就是聯盟各國的私人對於德國人的債權。 除了在合衆國以外，各國押收德國人產業後，不見得再有贏餘的。

（乙）德國在海外投資與英國不同，不在海外而在俄，澳，土，羅馬尼亞，保加里亞諸國。此中一大部分已完全沒有價值，無論如何現在是沒有價值的。特別是在俄，澳，兩國。假使用現在的市價做標準，這些證券沒有賣到額面的價值以上的。除非聯盟各國預備着將這些證券按着有名無實的市價收下，留着以後再出賣以外，在這些國裏沒有可靠的大宗款項可以立刻償付的。

（丙）德國當戰時不能像我們那樣將國外證券變賣，但是他對於有些國的證券，力所能及的也曾賣過。在合衆國加入戰爭以先，德國曾將在合衆國最好的證券賣出，但是普通所擬定的數目（有人計算賣出的數目合六〇，〇〇〇，〇〇〇鎊）或者未免過於誇大。在戰爭期中，特別是在戰爭的末期，德國的兌換非常的微弱，在中立鄰邦的信用非常低的時候，他曾將荷蘭，瑞士和斯堪的拿威亞可以收買的證券賣出。一九一九年六月的時候德國在中立隣邦的證券已減到極微小的數目，不能抵他的債務，大概是可確信的。此外德國又賣了可以賣出的國外證券如阿金丁的債券。

(丁) 自從休戰以後，德國私人手中所存的國外證券運到外國的一定狠多。 這是很難阻止的。 德國的國外證券大概是不記名的。 所以他們狠容易從德國的廣大的邊界偷帶出去。 假使在和約成立之先，聯盟各國能夠發見扣留的方法，當然不能讓原主存留這類證券的。 這些事情都是惹起人類的巧妙的技倆，所以聯盟各國與德國政府干涉這些證券的流出，仍然是不濟事的。

總觀以上，假使德國仍有賠償的款子，那眞是奇事了。 聯盟各國和合衆國，德國方面的聯盟各國，和他鄰近的中立各國，差不多已將所有文明國都包括了。 從此看來，萬不能從這些國裏發見什麼證券可以充作賠償的。 除去在南美各國，更沒有什麼投資了。

關於(甲)項我減去三〇〇，〇〇〇，〇〇〇鎊，除去償還私人債務等還餘有一〇〇，〇〇〇，〇〇〇鎊。

關於(乙)項，按一九一二年十二月三十一日澳國財政部的統計，德國所有在澳匈帝國的證券共合額面價格一九七，三〇〇，〇〇〇鎊。德國戰前在俄國的投資除去政府債券之外共值九五，〇〇〇，〇〇〇鎊，這個數比大家揣測的爲低，在一九〇六年 Sartorius V. Walter-shausen 計算德國所發俄國政府的證券值一五〇，〇〇〇，〇〇〇鎊。兩者共合二四五，〇〇〇，〇〇〇鎊，這個數比一九一一年 Ischchanian 所擬的二〇〇，〇〇〇，〇〇〇鎊可謂適中。羅馬尼亞當加入戰爭時所發布的計算說德國在羅馬尼亞的投資共合四，〇〇〇，〇〇〇鎊乃至四，四〇〇，〇〇〇鎊，就中二，八〇〇，〇〇〇鎊乃至三，一〇〇，〇〇〇鎊爲政府債券。據一九一九年九月八日法國時報的報告德國在土爾基的投資共五九，〇〇〇，〇〇〇鎊，就中按最近「外國債券所有者會」的報告，就中三二，五〇〇，〇〇〇爲德國人對於土爾基的外債。德國對保加里亞投資多少我沒有查出。但是我假定關於（乙）項要除去五〇〇，〇〇〇，〇〇〇鎊。

按（丁）項當戰爭期內押出的證券我想有一〇〇，〇〇〇，〇〇〇鎊乃至一五〇，〇〇〇，〇〇〇鎊，此中包括着所有德國在斯堪地拿威亞，荷蘭，瑞士的證券，南美的證券的一部分，和在合衆國加入戰爭以前所售出的北美證券的一重要部分。

關於（丁）項應該減去多少沒有可靠的計算。近來歐洲報紙登載了許多的可驚的故事。假使我們將已經離開德國或深藏於德國不能用什麼巧妙有力的方法查出的定爲一〇〇，〇〇〇，〇〇〇鎊，大概不算爲多。

將以上這些數除去，就是除去一，〇〇〇，〇〇〇，〇〇〇只剩有二五〇，〇〇〇，〇〇〇鎊，在理論上可以用的。（阿爾薩斯羅蘭人所有的證券和其他已不屬於德國人的證券我還沒有算在內）。

有些人或以爲這個數目太低，但是這個數只代表德國政府可以收沒留充公用可售出的證券，我以爲已經太大了。想到我用特別方法所研究的問題，我得到個更低的數。假使除去所押收的聯盟國的證券和在澳俄等國的投資，此外德國還可以有什麼證券可以湊到二五〇，〇〇〇，〇〇〇鎊呢？我不能解答這個問題。德國還有一點中國政府債券，或者幾個日本證券，和一重要部分有價值的南美頭等的證券。但是這些企業，很少是在德國人手中，他們的價值也不過一二千萬不能到五千萬或一萬萬的。 我想沒有那樣莽撞的人竟肯集資一〇〇，〇〇〇，〇〇〇鎊現金將所有德國所有餘剩的證券買過來的。 假使賠償委員會，要售出這個低數，他或者先要於幾年內將所取到的這些股本先不去動用他。所以德國的國外證券可以貢獻的不過一〇〇，〇〇〇，〇〇〇鎊乃至一五〇，〇〇〇，〇〇〇鎊。

那麼，德國現在可以移轉的財富如左：

(甲) 現金現銀——六〇，〇〇〇，〇〇〇鎊

(乙) 船舶——一二〇，〇〇〇，〇〇〇鎊

(丙) 國外證券——一〇〇，〇〇〇，〇〇〇鎊乃至二五〇，〇〇〇，〇〇〇鎊。

現金現銀如果盡量提出就要毀壞德國的貨幣制度，有害於聯盟各國的利益。故所有這些可移轉的財富，賠償委員會可以在一九二一年五月一日可以得到的不過二五〇，〇〇〇，〇〇〇鎊，最高也不過三五〇，〇〇〇，〇〇〇鎊。

二　被割讓的區域內的財產或按照休戰條約所交付的財產

按照和約，德國不能從被割讓的區域內的財產收受重要的信用充償付賠償之用。在割讓的區域內的私人財產先用供償還德國對於聯盟的各國人的債務，只有餘剩的款纔可用在賠償上。　至於在波蘭和其他新國家的財產的價值則直償還原有主。所有政府財產在阿爾薩斯羅蘭在割讓與比利時的區域，和在移轉於受託國治理者之德國以先的殖民地的，無償還的沒收。　凡屬於以先波蘭王國的建築、森林和其他國家財產，也無代價的交出。　所以此外只有政府財產，交付給波蘭的，在 Schleswig 的財產交付給丹麥、薩爾的煤礦的價值，河上船隻，等等須按港口，水道，鐵道，的條款（卷十二）交付的和德國海底電線的價值須按第八卷附件七轉移的。

無論和約上怎樣說，賠償委員會不能從波蘭得到現金的。　有人計算過薩爾煤礦值一五，〇〇〇，〇〇〇鎊乃至二〇，〇〇〇，〇〇〇鎊。　合計以上諸項除去私人財產可以用的餘剩以外，算為三〇，〇〇〇，〇〇〇鎊，大概是很寬大的。

此外就是按着休戰條約所交付的物料。　和約第二五〇條規定按照休戰條約所交出的車輛及其他項，以及其他物料賠償委員會認爲『無軍事上價值』的都由賠償委員會估價，收存德國政府名下。　此中只有車輛（汽車實五千個車十五萬輛）是有價值的。　總計所有休戰所交出的爲五〇，〇〇〇，〇〇〇鎊、大概也是很寬大的。

所以我們要在上邊所說的二五〇，〇〇〇、〇〇〇鎊乃至三五〇，〇〇〇，〇〇〇鎊再加上八〇，〇〇〇，〇〇〇鎊。　但是這八千萬鎊不是可以有裨益於聯盟各國的財政情形的現金。乃是聯盟各國間，或聯盟各國與德國間的帳本上的一筆帳。

但是這個三三〇、〇〇〇，〇〇〇鎊或四三〇，〇〇〇，〇〇〇鎊的總數還不能用做爲賠償的。　按照和約第二五一條第一項開支是用在休戰期間和和約實行後的駐防軍費。　這筆軍費到一九二一年五月有多少非到退拔的時候不能計算出來，這筆軍費要從在一九一九年初期的二〇，〇〇〇，〇〇〇以上的數目改每月費用爲一，〇〇〇，〇〇〇鎊，這個數目將來爲普通的數。　但是我計算這個總數總要二〇〇，〇〇〇，〇〇〇鎊。　這樣所餘的還有一〇〇，〇〇〇，〇〇〇鎊乃至二〇〇，〇〇〇，〇〇〇鎊。

聯盟各國還希望從這個數從出口的貨物和按照和約在一九二一年以先歸還的抵金錢的貨物（對於這個我還沒有計算在內）可以使德國收到些款項，購買聯盟各國以爲他應該有的需要的食料和原料。 現在德國爲恢復他以先的經濟生活必須從海外購買的貨品的金錢的價值是多少，聯盟各國審愼行使的大量有多少，還不能精細的評定出來。 假使他的原料和食料在一九二一年五月可以恢復到普通的情形，德國除了通常的輸出品的價值可以抵償外，一定至少需要一〇〇，〇〇〇，〇〇〇鎊乃至二〇〇，〇〇〇，〇〇〇鎊的購買力。 這個聯盟各國不見得許可，但是我可以斷言德國的社會的經濟的情形在一九二一年以先不能使他的輸出超過輸入，並且德國按照和約可以供給聯盟各國用以抵償賠款的物品如煤，顏料，木材或其他材料，一定要退還德國使他償付輸入品以圖他的生存。

所以賠償委員會不能希望另從其他方面得到一〇〇，〇〇〇，〇〇〇鎊乃至二〇〇，〇〇〇，〇〇〇鎊的數目。 這個數定是我們假定德國將立刻卽可轉移的財富變賣的，是按照和約應該存在德國名下的，也是將駐防軍費開支以後的數目。　比國在和約之外曾與法，美，英三國有協議言明將來賠償第一筆一〇〇，〇〇〇，〇〇〇鎊之數，先要使比國承受償還他的債務，所以結果比國在一九二一年九月或者可以得到一〇〇，〇〇〇，〇〇〇鎊，而其他的聯盟國在那個時候一個錢也得不到。　無論如何各國的財政總長只可以按着這個假定計算總算可靠的。

三　每年償款均攤爲若干年

德國因爲失去他的殖民地，海外的關係，商船，和國外的財產，因爲將他的人口和疆土的百分之十都割讓出去，他的煤的三分之一，鐵礦苗的四分之三也都割讓出去，壯年的人口死傷了二百萬，人民凍餓了四年，一個大宗的軍債，他的紙幣值價跌落不及以前價值的七分之一，他的聯盟國和疆土都分裂，國內發生革命，而邊疆又起布爾札維克主義，四年以來那併吞一切的戰爭和最末的敗績將所有的實力，希望都毀傷到不可量的情形。　縱觀諸種情形，德國戰前的償還國外債務的能力大受影響的。

所有這些事情是顯然的。　但是所有計算從德國得大宗賠款的、都假定他將來的商務比以先還大。

德國所付的是現金（就是國外匯兌）或（如和約所想像）所付的一部分是物品（如煤，顏料，木材等）是沒有什麼大分別的。　無論如何，德國只可以靠着輸出特別物品纔有償付的能力，至於將輸出品的價值移到賠項下之用的方法，那比較的為一個條件的問題。

我們現在從原理上，統計上研究，不要假定。　假使德國每年償還只有減少輸入，加增輸出，輸出所餘，留在國外還債。　終久德國只能用貨物代表還債，或是直接將貨品供給聯盟各國或是將貨品賣給中立各國，將在中立國所存的款交付聯盟各國。　按這個方法計算，最可靠的方法就是分析他的戰爭前的商務報告。　只有靠這個分析的基礎，再輔以關於德國生產能力總量的資料，纔可以對於德國的輸出超過輸入的最高限度有一個合理的推測。

一九一三年，德國的輸入除去通過貿易和現金銀以外值五三八，〇〇〇，〇〇〇鎊，輸出值五〇五，〇〇〇，〇〇〇鎊。　就是輸入超過輸出約三三，〇〇〇，〇〇〇鎊。　一九〇九至一九一三，五年間的平均，他的輸入超過輸出的數更高；有七四、〇〇〇，〇〇〇鎊。所以德國戰前輸出的虧欠，都全是靠着他的固有的國外證劵的利息和他的船舶，國外銀行匯兌等的利益。這個利益和利息於補輸出的虧欠還有餘。現在他的國外財產和商船都被沒收，他的國外銀行和其他各種從國外得到的收入都已毀壞，德國想要按照戰前的輸入輸出的基礎，不特不能有贏餘可以償付國外，反倒差不多不能自己維持自己。所以他第一件事業就是調濟消費與生產以彌補此缺。此外如能更減少輸入鼓勵輸出，纔可有餘交付賠償。

德國輸出最重要的幾項如左：

（一）鐵製器，內包括洋鐵板（百分之一三、二）

（二）機械等（百分之七，五）

（三）煤焦炭，及煤磚（百分之七）

（四）毛織物內包括生羊毛和洗刷過的羊毛（百分之五，九）

（五）　棉織物內包括棉紗，棉綫及生綿（百分之五、六）

這五類共合當輸出全額的百分之三九，二。　這些類物品在戰爭以前都是德國與英國競爭最利害的。　所以假使德國向海外或向歐洲其他地方輸出量大增，英國的輸出貿易當然受相當的大影響。　至於毛織物，棉織物，兩種輸出貿易的增加，要靠着原料輸入的增加，因為德國不出產棉花，出產羊毛極少。　所以除非與德國以得到這些原料（得到這些原料就是犧牲聯盟各國）的方便，可以超過戰前的消費的程度，貿易不能擴張的。　就是擴張，那也不是輸出的總價值，乃不過輸出的製造品與輸入的原料的差罷了。　至於其他三項即機械，鐵製器及煤，德國因為割讓在波蘭，上細西來喜亞，和阿爾薩斯羅蘭的彊土，他已經說有增加輸出的能力了。　這些個地方，差不多產德國產煤的三分之一。　此外更供給鐵礦苗的四分之三、德國的熔爐的百分之三十八，網鐵製造所的百分之九，五。　所以除了阿爾薩斯羅蘭和上細來喜亞將鐵礦苗送到德國去鑄造，——這樣又要使輸入加增，他又要沒法償付的——不特不能增加反倒一定要減少輸出貿易的。

其次的輸出品爲穀類，糖，紙，毛皮，電氣物品，絲貨和顏料。　穀類不能算純粹的輸出品因爲同類品輸入的很多不能相抵。　德國糖的輸出的百分之九十在戰前都是到英國來。鼓勵糖的貿易的增加，可以由英國特別允許德國的糖進口，或者是一種協議可以用糖代替賠款，就如同以先所提議的煤，顏料等一樣。　紙的輸出或是也可增加一點。　皮製貨，毛皮，和絲綢都靠着輸入那一邊的多寡。　絲貨大部分與法意兩國的絲的貿易相競爭。　其餘各項單獨的就很少的。　有人曾提議炭酸加里（Potash）和其他物品可以抵賠款的大部分。但是德國的炭酸加里在戰前只占輸出品的百分之〇、六，總額只值三，〇〇〇，〇〇〇鎊。況且法國已經在他所恢復的疆土內得到了炭酸加里的產地，絕不能歡迎德國這一宗輸出品增加的。

至於德國的輸入物品表裏，百分之六三、六都時原料和食料。　原料的重要的，有棉花，羊毛，紅銅，獸皮，鐵礦苗，毛皮，絲，樹膠和錫假使再減，一定要影響到輸出貿易，假假輸出貿易加增，這些類物品的輸入也可增加。　食料有小麥，大麥，咖啡，雞卵，米，小米等，倒是一個難問題。德國勞動階級在戰前所消費的食料，除去了一定的安舒品之外，不見得比最高効能所需要的增多多少。大概還要比最高効能所需要的少。食料的輸入大減，一定影響到產業人民的効能，結果就是影響他們受强迫所生產的餘剩的輸出量。假使工人飲食不足，萬不能强迫德國的生產加增。但是大麥，咖啡，鷄卵，烟草或者不在此項內。假使可以强迫一種制度，使德國人將來不飲皮酒，不飲咖啡，不吸烟草，就可以省了許多。不然，沒有什麼大節省的餘地。

更研究德國輸入品的到達地和德國輸出品的來源地，也很有用的。一九一三年的德國輸出品百分之十八是到英國及其各領土，百分之十七是到法，意，比三國，百分之十到俄羅斯和羅馬尼亞，百分之七到合衆國。總計輸出品的過半到聯盟各國的市場。其餘的百分之十二到澳匈帝國，土爾基和保加里亞。百分之三十五到其他各國。所以除非現在的聯盟各國預備着鼓勵輸入德國的物產，只有將中立各國的市場盡量的充溢，可以使他輸出品的總額加增。

按以上的解析可以推測德國按着和約以後的情形輸出的差可以有多少最大的變化。 現在假定(1)我們不特別奪取供給德國的原料如棉花羊毛(此種原料的供給在世界上是有限制的)，(2)法國既然得了鐵礦，更想努力的也得到熔爐和鋼鐵的貿易，(3)不獎勵輔助德國使他可以在海外市場奪聯盟各國的鐵和別的貿易，(4)在布列顛帝國對於德國的貨品不與以優先權，再仔細攷查輸出各項，顯然是沒有什麼可做的。

現在更攷查各項。

(一) 鐵製物品。 德國既然失了原料，輸出不像可以加增，反倒像要減少的。

(二) 機械。 稍加增是可以的。

(三) 煤與焦炭。 德國在戰前的淨輸出是二二，〇〇〇，〇〇〇鎊。 聯盟各國已經約定暫時轉得到的最高額輸出為二〇，〇〇〇，〇〇〇噸，以後或者增加到（實在絕對不能增加到）四〇，〇〇〇，〇〇〇噸。 即使按着二〇，〇〇〇，〇〇〇噸計算，按戰前的價值計算實在是沒有增加。 假使這個數是確定了，那需煤生產的製造品的輸出一定價值大低落。

（四）羊毛織品。 沒理原料不能增加。 對於生羊毛原料有旁的要求，狠像要低減的。

（五）棉織品。 與羊毛同。

（六）穀類。 向來沒有過淨輸出，將來也不能有淨輸出。

（七）皮製品。 與羊毛同。

我們現在差不多已討論了德國戰前輸出品的一半。 此外物品以先沒有再多過百分之三的。 他還有什麼物品可以抵償呢？ 顏料在一九一三年全體價值不過一〇，〇〇〇，〇〇〇鎊。 玩具和炭酸加里在一九一三年輸出只值三，〇〇〇，〇〇〇鎊。 即使可以指出物品，又在什麼市場可以行銷呢？ 要知道我們物品的價值不是值幾千萬的，是值幾萬萬的。 至於輸入或者可以減少一點。 將生活程度減低，對於輸入品的支出減少是可以辦得到的。 但是如減少大宗的輸入又要影響到輸出的量。

我們最高的揣測就是假使德國雖然財源方便，市場和生產的能力都已減少，過些時候還可以增加輸出減少輸入，使他的貿易加增按戰前的價值每年可贏餘一〇〇，〇〇〇，〇〇〇鎊。這個調劑先要清算他在戰前五年間貿易的差，共合七四，〇〇〇，〇〇〇鎊。現在假定除去償還了貿易的差，德國還剩有貿易的贏餘，每年有五〇，〇〇〇，〇〇〇鎊。因爲戰前的物價已漲，將此數加培，就還有一〇〇，〇〇〇，〇〇〇鎊。我們想到各種要素，政治的，社會的，人類的還有純粹的經濟的，就很懷疑德國，能否於三十年內每年償還此數。但說他可以或希望他可以也不算愚的。

假定這個數目按五厘行息，一厘還原本，按現在的價值說總額就是一，七〇〇，〇〇〇，〇〇〇鎊。

我現在到了最末的結論就是包括各種償還的方法。——立刻可轉移的財富，割讓的財產，每年的償還——德國償還的能力最高的最安穩的就是二，〇〇〇，〇〇〇，〇〇〇鎊。按現在實在的情形，我不相信他會可以償付這樣大數。如有人以爲這個數太低，須先注意以下的比較。　法國在一八七一年的財富比德國在一九一三年的財富還不到一半。　除去了金錢的價值的改變，德國賠款五〇〇，〇〇〇，〇〇〇磅差不多等於法國在一八七一年所賠的賠款。　並且賠款的眞負担比按總數的比例還要加多，所以德國賠償二，〇〇〇，〇〇〇，〇〇〇鎊比法國在一八七一年賠二〇〇，〇〇〇，〇〇〇鎊，所發生的影響要利害的多。

現在只有一樁事情可以比上邊所定的數目加增的希望。　那就是假使德國的勞動可以運到毀壞的地方從事於恢復的事業。　我聽說現在有這樣的一個小計畫。　這樣得到的增加又要看德國政府這樣的可以維持多少工人，並且要看比法兩國的人民可以容讓他們在多少年內在他們國內做工。　無論如何，在多少年裏，專用輸入的勞動（他們的淨價值總額在二五〇，〇〇〇，〇〇〇鎊以上）以從事恢復的事業是狠難的。　況且實際上這個方法也不能對於用其他方法每年得到的收入之上有淨的增加。

那麽八，〇〇〇，〇〇〇，〇〇〇或五，〇〇〇，〇〇〇，〇〇〇是出乎德國償付能力之外。　那些相信德國能夠每年償付幾萬萬鎊的或者可以說出德國可以用什麽物品代償，並且什麼物品可以在什麼布場上消售。但是除非他們能夠指出細目，並且引出可信的道理證明他們的結論，他們的話是信不得的。

我承認三種例外，但是無論那一個例外，在實際上也不能影響我的議論的力量。

(一)假使聯盟各國培養德國的工商業五年或十年，在此期間內供給他大宗借款，和船舶，食料，原料，爲他造出市場，應用所有的財源和好意使他成歐洲的（如果不是世界的）最大的工業國，或者以後可以向他索要大宗款項。因爲德國是能夠有極大的生產的。

(二)我按金錢計算的時候，我假定我們購買力的單位的價值沒有極端的改變。假使金的價值比現在的價值低落到一半或十分之一，按現在價值所定的賠款也一定按着此例將眞負擔減少。假使金鎊落到值一先令，那麼德國可以按着金錢算賠款狠大的數目。

(三)我假定自然的供給和人的勞動的原料沒有激烈的改變。科學的進步發明方法使生活程度全體高到不可勝計，使現在生產量只代表人類極小部分的努力這不是不可能的事。這樣，所有「能力」的標準，各處都要變化。但是什麼事都是可能的，並不是說傻話的理由。

在一八七〇年誠然沒有人預看出德國在一九一〇年的能力。　我們不能希望爲將來一代或數代立法的。　人的經濟狀況的改變和人的預測狠容易有錯，狠像可似錯到這一方向成那一方向去。　我們是合理的人最好是根據我們所有的證據，使那證據適合於五年或十年我們可以預料出來的期間。　假使我們在一方面沒有算到人類生存的極端的機會而在他一方面沒有料到自然的秩序內或人類與自然的關係上發生革命的變化，也不是我們的錯誤。　我們不知道德國在長久年期內償付能力果如何不能即據爲使德國能償付一百萬萬鎊的理由的。（我曾見有人說這是理由的。）

爲什麼世界上的人這樣的相信政客的不眞實呢？　我想所以相信是一部分由於以下的勢力。

第一戰費浩大，物價高貴，貨幣跌落，以至使價值的單位完全不穩，遂使我們將所有財政上的數目，量積的知覺失掉。　我們相信爲可能的範圍的已經大爲超出，那些根據過去以定希望的常常發生錯誤。所以一般的人聽了所有有權威的話就相信起了，數目越大越是容易相信。

但是那些深研究這個事情的，也常有時因爲謬誤的見解初聽了頗似有理，遂爲所誤。例如根據德國每年生產的總餘剩（除去輸出的餘剩之外）計算卽是一種。德國 Helfferich 計算德國在一九一三年一年的財富之增加（除去現存土地和財產的價值的增加之外）凡四〇〇，〇〇〇，〇〇〇鎊乃至四二五，〇〇〇，〇〇〇鎊。德國在戰前所費的軍備爲五千萬乃至一萬萬，現在可以不用了。所以爲什麼他每年不能償付聯盟各國五萬萬鎊呢？這就是那粗糙的議論最有力的最動聽的。

但是這裏有兩個誤謬之點。第一，德國的儲蓄，除去了他在戰爭裏和在和約上所受的損失，比較以先少的多，假使以後每年還向他索要，所儲蓄的不能及於以先的儲蓄。德國失去阿爾薩斯羅蘭，波蘭和上細萊西亞，按減少餘剩的生產計算每年至少也有五千萬鎊。德國從他的船舶，國外投資，和國外的銀行和金融關係所獲的利每年約有一萬萬鎊。現在他把這些都失去了。 他的軍備上費用的節省抵不住他每年卹金，現在計算他的每年卹金約二萬五千萬鎊，這就是他的生產能力的損失。 我們卽使將他的二百四十億馬克的國內債務的重負擔作爲他的國內的分配問題，不是生產問題，我們還是要承認德國因爲在戰時欠有外債，他的原料和牲畜，缺乏減少，他的土壤上因爲缺少肥料及勞働而損失生產力，並且在五年以內沒有修理增補減少了他的財富。 德國已沒有戰爭以前那樣富了。 只因爲以上諸種原因，（還不算以前所述的要素，） 他的將來的儲蓄，每年至少也要減去百分之十，那就是每年四千萬鎊。

這些要素遂使德國生產的餘剩減少到一萬萬鎊，按我們以前所計算的德國每年能償付最高的數目也不過就是一萬萬鎊。 卽使有人否認這個數目，以爲我們對於戰敗的德國還可以使他生活降低也應該計算在內，這個計算法仍然有根本的誤謬。 每年生產的餘剩可以爲國內的投資的，只可以將所做的工大加變化，纔可以變爲輸出的生產的剩餘。 德國的勞働雖然可用爲國內的工作，於國內事業有效能，或者也許不能於國外貿易上有出路，我們現在又討論到我們以先研究輸出貿易的問題了——德國的勞動在那種輸出貿易上可以尋出大增加的輸出？　勞働用在新的事業上只有減失効能，增加資本的。　無論在理論上，在實際上都不能從德國勞働每年餘剩可用爲國內的改良的，做爲他每年償付的數目的標準的。

四　賠償委員會

這個委員會的組織奇特，他的權力一旦實行有大影響於全歐的生活，所以他的性質要特別討論。

按現在的和約所加於德國的賠款，是沒有先例的。　因爲以先戰事完結後解決的時候所要求的賠款與此次有兩個根本的不同。　(一)所要求的數目是定好了的，並且按總數計算。(二)如果戰敗的方面每年償付，就沒有更干涉的。

但是此次賠款是沒有定的，並且等到把數定了，那個數又多過可以用現金可付的數，簡直是多過可償還的數。　所以必要設立一個機關，定出要求的細目，定出償付的方法，核准必要的減少與遲緩。　所以須使這個機關對於敵國的內部經濟時生活有絕大的權力，可以每年創剝到極大的數目。　此後敵國應該按破產的國對待，任債權者爲債權者的利益管理。但是實際上賠償委員會的權利和職能擴張到比辦理這個事還大，凡是和約自身不宜於解決的各種經濟和財政的問題這個委員會都爲最後的公斷。（和會於讓步拖延之中所以有許多問題一定要空泛不定的。　四大所要的不是一個解決，只是一個和約。　關於政治的和疆土的問題有等待國際聯盟解決的趨勢。　關於財政的和經濟的問題，——賠償委員會雖然是由利益團體所組織的行政機關——最末的解決是留待賠償委員會）。

賠償委員會的權利和組織都在和約的賠償一卷二三三—二四一諸條和附件二規定清楚。但是等到與澳地利，保加里亞，乃至匈牙利和土耳基議和之後他的權利也包括到這幾國。所以在對澳對保和約上也有相似的條文的。（參閱澳，保兩和約）

聯盟的主要國家各有代表一名。　美，英，法，意的代表在各會都出席。　比國的代表除去日本或塞爾比國代表出席的會議外，都出席。　日本代表關於海上問題或有關日本的問題都出席。　塞爾比國代表凡有關於澳，匈，保等國的問題都出席。　其他聯盟國凡遇討論到他們各國的要求或利益的時候，都有代表出席，但無投票之權。

委員會決議由多數的投票議決，遇特別問題須全體一致之投票，最要的特別問題爲取消德國的債務，延緩賠款和發賣德國的債劵。委員會執行決議有完全的執行的權力。委員會有設執行職員並得以權力授予該執行職員之權。委員會和其職員享受外交官的待遇，薪俸部由德國支給，但薪俸之數目多少不能由德國酌定。假使這個委員會推行各種職務確當，他總要設立一個絕大的局署，辦事人員幾百通曉各國語言。委員會總事務所要設在巴黎，中歐經濟上的運命都託付給他。

他的職權如左：

（一）委員會須於一九二一年五月以前決定聯盟各國按賠償篇附件一所規定的對於敵國所要求的各細款。委員會『予德國政府以平允之機會，俾得自達但不得參預委員會之斷決』這就是委員會既爲爭訟之一造，同時又爲判斷者。

（二）委員會既決定各種要求以後，就要定出償還的辦法使所有的原本和利息於三十年內償清。委員會因爲在可能的範圍內修正辦法，得隨時『討論德國的財源和能力……使其代表有平允的機會，得以自達』。

『委員會於隨時估計德國償付的能力時，應審查德國徵稅制度，其第一目的即德國所有之收入，必須先儘其所應付賠償之數，然後方可付還其國內債務。第二目的須確知德國徵稅制度按照比例計算，與列席委員會之任一國相較實不稍輕』。

(三)委員會爲要求賠償十萬萬之數，得有權要求德國於一九二一年五月以前交出任何種及任在何處之德國財產。這就是說『德國應該分多少期及用何法償還，用現金，用貨物，用船舶，債劵，何其他都任賠償委員會決定』。

(四)委員會決定德國國民在俄羅斯，中國，土爾基，澳地利，匈牙利，保加里亞或其他疆土以先屬於德國或其聯盟的所經營的公共事業的權利及利益何種應該收沒或移交到委員會。委員會估計所移交財產的價值，分配於各國。

(五)委員會決定從德國所剝奪的財源有多少應該退歸德國使他的經濟的組織應該有充足

的生命；使他以後可以繼續賠償。

（六）委員會估計按休戰條約及和約所讓出的財產及權利的價值，不受控訴，不受公斷——如車輛，商船，河上船舶，牲畜，薩爾煤礦，割讓的疆域內財產可抵賠款者等等。

（七）委員會決定德國按照和約賠償條款中各附件所規定每年所償付的物品的量數及價值（在一定的範圍以內）

（八）委員會規定將可認明的財產使德國賠償。

（九）委員會從德國所收到的現金，或與現金相抵的物品管理分配之。

（十）委員會畫定由世萊斯維忌，波蘭，唐齊格，及上細萊喜亞讓出的疆域內所担負的戰爭前公債的股份。　委員會分配以前奧匈帝國的公債於各部分。

（十一）委員會變賣澳匈銀行，並監督將以先奧匈帝國的貨幣制度取消改變。

（十二）委員會認爲德國不能履行其義務之時，須報告並推荐強迫的方法。

（十三）委員會派任附屬機關，執行關於奧，保的職務，或者還有關於匈牙利土耳基的職務。

此外還有比較的微小的職務為委員會所執行。但是上文所述也是可見他的威權的範圍和重要了。因為和約所要求的超過德國的能力所以他的威權更為重要。有些條文允許委員會於認為德國經濟的情形必要的時候可以核減，這更是使委員會為決定德國經濟生活的機關。委員會不特要研究德國的一般償還的能力並且（在初幾年）要決定何種食物和原料的輸入品是必要的。因為賠償是德國所有財源的第一筆支出，所以委員會有權操縱德國的租稅制度（附件二，十三節乙）和德國國內的支出。委員會更決定德國經濟生活對於機械，牲畜和煤炭的要求。

按和約二四〇條，德國顯然承認委員會和委員會的權力為『聯盟共事諸政府所得組織之委員會』並且『確定承認該委員會員得執有並行使其本約所畀予之權力』。二四一條又規定『如有法案，命令，示諭，為完全實行上例各條件所必須者，德國均担任通過頒布，並維持其效力』。

德國財政委員會在凡爾塞對於這些條的批評，並沒有過甚。 他們說『德國人民在激烈的奮鬥之後，剛剛要設立民政的時候，民政竟被滅絕——就是被那些在戰時始終不倦的主張將民政送到我們這裏的那一般人給滅絕的。…… 德國已經不是人民不是國家了，現在變成生意，爲債權者移交給一個收買者，連一點機會都不給德國使他顯明他的本意是願意履行他的義務的。 委員會的總事務所要設在德國以外，他在德國的權力就要比德皇所有的大權大的多。 德國人民在這個統制之下將有許多年失去所有的權力，失去行動的自由，失去在經濟上在道德上個人的希望，比在專制時代還利害的多』。

聯盟各國不承認這個批評有理由，有力量或有實質。 他們說『德國代表對於委員會的觀察，牽强附會，不眞確，眞使吾人難以相信他們會會平心靜氣的，仔細的研究過和約的。委員會並不是壓迫的器械或干涉德國主權的。 委員會並沒有可操縱的勢力，在德國疆土以內沒有執行的權力，不能像所說的指揮或支配德國教育制度或其他制度。 委員會的事務就是尋出應該償還什麼，尋出德國是能償付的並且因爲是代表列强，所以假使德國失信的時候，報告例强。　假使德國有自已的方法籌款，委員會不能命令他按他法籌款。　假使德國要以物品抵償委員會，或者可以受下，但是除非在和約規定的，委員會是不能要求這個賠償的』。

假使把這個話與上邊所叙的或與和約比較，賠償委員會的權力範圍絕不止此。　和約四三〇條規定『如在占據期內或在上指之十五年期滿以後賠償委員會查得德國於本約所定關於賠償之義務有全部或一部分不肯遵守之處則聯盟共事，諸國軍隊可立即再行占據第四二九條所指地面之全部或一部分』。　可見委員會並不是『沒有操縱的勢力』的。　要知道決定德國履行所協議的條文與否，他能否履行，都不屬於國際聯盟，而屬於賠償委員會自身。　委員會決定否認，「立卽」可使用武力的。　聯盟方面的答辭說輕委員會的權力，大部分是由於假定德國得自由籌他所需要的款。　所以賠償委員會誠然有許多權力不用行使。　但是實在的設立賠償委員會的主要原因就是希望德國不能淸償所指定的債務。

據說維也納的人民聽說賠償委員會會員的一部分將要到維也納，就對於他們抱有大希望。委員會顯然的什麼也拿不了去，因爲他們什麼也沒有。所以會員們一定要救濟他們的。維也納人民不顧他們的災禍的這樣說，或者他們是對的。賠償委員會要與歐洲的問題狠密接的。他的責任要與他的權力相稱。他將來所做的事或者與創造人的本意相反。賠償委員會假使移轉到國際聯盟，變換他的心和他的目的，不爲私利的機關而爲公理的機關或者可以由一個壓迫刼掠的機關一變爲全歐的經濟會議。他的目的就是不論爲友爲敵，要恢復他們的生命幸福。

五　德國的抗議

德國的抗議不清楚又不巧妙。賠償文規定德國所發的公債使給大家以爲賠款定爲五十萬萬鎊；無論如何這是最低數。所以德國代表的抗議就假定聯盟各國的輿論不能滿足少過五十萬萬鎊的數目。德國不能交出這樣的大數目，所以德國代表費盡心思做出一個公式，貳使聯盟各認爲可產出這個數目，但是事實上却是比這個數目小。這個公式凡細心的人曉得事實的人讀了都看得出，不能欺騙聯盟各國的代表的。 德國的計策假定以爲聯盟各國的代表，也與德國代表自身一樣的懸念，將要按着事實解決，因爲他們已向人民宣言索大宗賠款，所以也願意在和約上做一點欺詐。 這個假定在其他情形之下或者是有許多的根據的。但是徵諸當時事實，這個機巧，機敏於他們沒有利益的。 假定他們一方面將他們相信爲他們的責任的，做一個直爽的公平的計算，一方面做一個他們相信的償付能力，那結果應該更好些。

德國所允許交出的五十萬萬磅如下。 第一條件就是在和約上讓步保證『德國可以保留與休戰協約相合的疆土的完全，德國保留他的殖民領土，商船，(大噸數的商船也包括在內)德國在國內，在世界上，都與其他國民一樣享受同樣的自由，所有的戰時立法都立刻取消，所有在戰時干涉他的經濟的權利，干涉他的私人財產等限制都要按相互的道理執行』、 換一句話說就是德國答應賠償，必須先將條約內大部分都先廢棄的。 第二條件，要求最多不得超過五十萬萬鎊，就中十萬萬鎊須於一九二六年五月一日償淸，這個數日不得取息。 第三條件，對於這個數目的信用有（甲）按休戰條約的所交出的物品的價值，內包括軍事材料（如德國的海軍），（乙）在割讓的彊土內的鐵路和國家財產的價值，（丙）所有割讓的彊土（假使該彊土仍屬於德國爲其一部分）對於德國公債（內包括戰時國債）和賠償的比例的担負之份，（丁）德國在戰事借與其同盟各國的債權的價值。（此外細目不備載）。

概括的計算，按甲，乙，丙，丁，四項，所除去的信用或者比和約上所允許的多出足有二十萬萬鎊；不過丁項差不多不能計算的。

所以假使按和約所定的基礎計算，德國所願償出的五十萬萬鎊，我們一定先要減去和約上所不許的二十萬萬做爲抵銷，然後更將其餘的數分爲兩半，得到延緩賠償的現在的價值，對於這延期交付的賠償是不能取息的。這就是德國所願出的數只有十五萬萬鎊。和約所要求的按我的計算是八十萬萬鎊的。

這個抗議雖然是以取消和約上其他大部分爲條件，這個數目不算是利害的，這實在是一個極寬大的狠實在的供獻，在德國已經受了狠多的批評的。（我上邊所計算的是假定和約上其他條件不取消的）但是假使德國的代表沒有用曖昧的辭句用更清楚的話說明他們可以籌出多少款來，他們還可以好一點。

聯盟各國對於這個抗議最末的答辯，有一條狠重要的規定我以先沒有論到，現在要討論的，大體上聯盟的各國對於賠償一卷的原形沒有讓步，但是認明德國的負担沒有定出是不方便。所以提議一個方法，用這個方法在一九二一年五月一日以前，可以定出所要求的總額。所以他們允許在和約簽字後四個月內無論何時（卽是一九一九年十月以前）德國可以任意提出他按和約所定債務的一個總數，在此後兩個月內（卽一九一九年終以前）聯盟國『力所能及，對於他的提議可以與以回答』。

這個規定有三個條件。『一•德國當局者在提議之先要與有關係的列强代表先行商議。二•所提議不能曖昧，一定要清楚。三•他們一定要承認和約上的種類，賠償的條文為已定，不能再討論』。

這個辦法並沒有想德國賠償能力還有討論的餘地。這不過是討論按照和約所規定要求的總數，或是七十萬萬，或是八十萬萬，或是一百萬萬鎊。 聯盟各國答復說『這不過是事實的問題，（就是負担的總額的問題）和他們應該這樣對付』

假使將來的會議是按這樣辦法，我想沒有什麼結果。 一九一九年終不見比和會的時候容易找出一個確定數目來。 曉得德國按着和約應該担負多少債務不見得幫助德國的財政狀況的， 但是這些會議可以與再行討論賠償問題的一個機會。 不過我們也不能希望聯盟各國的輿論會在這極短時間內改變了多少。

公正的對待不能全靠着我們的宣誓，保證，或經濟的事實。 使德國一代奴服，降低幾百萬的生靈，剝奪全國民的幸福，這種政策是可惡的可厭的，——即使可以做到，即使可以肥己，即使不至栽種腐壞全歐文明生活的種子，也是可惡的可厭的。 有些人說這是公道（Justice）但是在人類歷史上的大事件，國民運命的複雜的發展，公道沒有這樣簡單的。 即使有這樣簡單，國民按着宗教，按着自然的道德，也不能因爲政府當局者的過失，爲父母的過失，就加罪到敵人的子孫的。

第六章　和約後之歐洲

這一章一定是悲觀的。　和約關於歐洲經濟的恢復，沒有規定——沒有使失敗的中歐國家爲和好的鄰邦，沒有安頓歐洲的新國家，沒有收服俄國，沒有促進聯盟諸國自身使爲經濟的團結體，又沒有商定恢復法意兩國的紊亂的財政，或調和新舊兩世界的制度。

四大會議因爲專注意別的，沒有注意這些問題，——克雷蒙梭專在推倒敵國的經濟生命，魯意喬治孤注一擲，擔歸所得，只可欺瞞國人一星期，美總統不肯做不正不公的事。　最奇怪的就是餓的要死的，分崩離析的歐洲的基礎的經濟問題，陳於四大的眼前，而不能惹起四大的注意。　他們在經濟範圍內所論到的祇有賠償。　他們解決賠償，當做一個神學的，政治的，或選舉的詭計的問題，從各方面觀察獨不能從他們所決定命運的國家的經濟的未來觀察。

現在暫不論巴黎和會及和約，稍討論戰爭及和議所產出的歐洲現狀。　我的目的不是分別戰爭的不可免的結果及和議可免的災禍。

依我所見，現狀的主要事實可簡明敍述如下。 歐洲在世界歷史上，人口聚集最密。這些人都習於較高的生活程度。 現在人口的幾部分還希望程度更進步，不肯退化。 歐洲自己不能滿足自己的需要，特別的是自己的食物不足。 人口在國內尚未分布均勻，大部分都麕集在少數的工業中心， 這些人在大戰以先，藉着一種極柔嫩的。 極複雜的組織可以生活；但是沒有贏餘。 這個組織的基礎爲煤，鐵，運輸，和從他洲所輸入的食品和供給不斷的原料。 這個組織破壞，供給的源流中斷一部分的人口就失去生活之資。 這餘剩的人口又不能向他洲遷移。 因爲沒有國家可以收容他們，卽使有可以收容的地方，也須好多年纔可以運送他們到海外。 所以立刻降臨的危險，就是歐洲人民立刻生活程度降低，乃至於使一部分的人口到餓死的程度（這個程度俄國已經達到，奧國差不多達到）。 人向來不能安安靜靜的死。 有些人挨餓變成昏惰或極端的失望，但是有些人變成歇斯特利(Hysteria)的，神經的擾亂和癲狂的失望。 這些人受了苦痛或者將殘存的組織推翻，因爲打算滿足個人急迫的需要竟將文明沈沒。這是一個危險，所有我們的財源，勇氣，理想都應該現在聯合起來抵抗的。

一九一九年五月十三日 Brockdorff. Rantzan 伯爵（德國議和代表）在聯盟共事諸國和會上通告德國經濟委員會調查和約後之狀況，關於德國人口的報告。報告上說：『德意志在過去兩代從農業國家變為工業國家。假使德意志為農業國家可以供養四千萬人，工業國家之德意志可以保證六千七百萬人生養之資。一九一三年德國輸入之食料品總額共一千二百萬噸。戰爭以前德國有一千五百萬人藉着國外貿易，航運，直接或間接利用外國的原料以為生存』。

這個報告敘述和約重要的適當的規定以後，更說：

『德意志因為失去殖民地，商船，和國外投資，所以經濟消沈，生產減少，不能從國外輸入相當原料。德國產業的大部分當然破壞。食物輸入的需要須大增加，而同時滿足這個需要的能力又大減。所以德國不能在極短時期內對於他的幾百萬倚航運貿易為生的人民與以麵包或工作。這些人應該向國外遷徙，但是事實上又不可能，許多國家，特以最重要的國家，將反對德國的移民，實行議和的條件，在論理上一定是包括着德國幾百萬人性命的損失。因爲人民的身體，因戰時的鎖港，和在休戰期間更烈的封鎖，已經大傷。所以這個災禍一定狠快。無論怎樣大的救濟，無論怎樣長的時候的救濟，也不能挽救這團體的死亡」。

這個報告結論說：

『假使工業國家的德意志，人口稠密與世界的經濟組織關係密切。幷且必須輸入大宗的原料及食品，忽然一旦間推至與其半世紀前相當的經濟狀況和人口數目的發展程度，同盟共事諸國代表理會其當然的影響與否吾人不敢知，吾人誠恐其未曾理會。凡署名於此和約，就是判定德國數百萬的男女老幼的死刑』。

這些話不能駁的。這個嚴重的批評攻擊也可以用在對奧的和約。這是我們眼前的根本問題，疆土規定，歐洲權力均衡的問題與之相較極爲微小。暫時良好的狀況，可以讓人口繁生，但是那繁生速率常超過於良好狀況停止後猶能供養的程度。過去歷史上的災禍使人類退化幾百年的，向來都是原因於良好的狀態（由於自然或由於人力）停止後的一種反動。

目前狀況的顯然景象可分為三類：

一歐洲國內的生產暫時絕對的低減。

二運送機關，交換機關破壞。輸送生產於有需要的地方要用這兩種機關，

三歐洲無能力從海外購買通常的需要品。

生產低減不容易計算，並且很容易言之過甚。但是乍一看他的證據是非常的多。霍佛在他仔細思量的警告裏，所說要點就是這個要素。這個的原因有幾件；——俄羅斯匈牙利內部的擾亂，暴烈持久，新政府的創立，例如波蘭及捷克斯洛瓦奇亞，缺乏整頓經濟關係的經驗；歐洲全大陸因為戰爭的死傷和繼續的動員，有效能的勞働大受損失；因為中歐國家飲食不足，効能低減，自開戰以後土壤沒有施用人造肥料，所以地力耗盡；勞働階級對於他們生命的根本的經濟問題，心理不穩。總之如霍佛所說『大部分的人民因為受了戰爭

的窮困，精神上身體上的傷害有體力耗盡的反動，所以努力大衰減」。　許多人因爲各種原因完全失去職業。　據霍佛所調查，一九一九年七月歐洲各失業局的總計，受各種失業補助費的，共一五，〇〇〇，〇〇〇家，這種補助費大部分由濫發的紙幣彌補。　德國假使按照賠償的條件的字面實行，凡超過需要最低限度以上的生產，將來都須被取去，更是阻礙勞働與資本的。

現在所有可靠的資料或者不能再增潤那衰頹的景象。　但是有一二件事讀者當注意。歐洲全部煤的出產計共減去百分之三十；歐洲產業的大部分和運輸的全體都是要靠着煤的。德意志在戰爭以前產出他的人口的食物的百分之八十五，現在他的土壤的生產力減去百分之四十，牲畜的質減去百分之五十五。　俄羅斯在歐洲諸國中，以先有大量的可輸出的餘剩，現在因爲運輸殘缺，並且出產低減，也許自己要餓死。　匈牙利，除去他的別的災害不計外剛剛在收穫期後，就被羅馬尼亞人搶光了。　奧地利在一九一九年內，就要把本年的收穫消耗完了。　這些數目差不多太大不能使吾人相信，假使各國還沒有那樣壞，我們對於各國的信仰也可以更堅强些。

但是卽使可以得到煤，可以收到五穀，歐洲已破壞的鐵路也不能運搬他們；卽使物品可以造出，歐洲已破壞的貨幣制度，也不能售賣他們。德國的運輸制度，因爲戰爭和停戰時交付的損失，我已經討論過。卽使這樣，德國的位置，計及他用製造補充恢復的能力，或者不至像他鄰邦那樣利害。關於俄羅斯我們現在狠缺乏精確的消息。據說鐵路車輛的情形是異常急迫，這也就是他現在經濟混亂的一個最根本的要素。在波蘭，羅馬尼亞和匈牙利，情形也不見好。近代產業的生命主要要倚賴運輸的便利，並且靠着這運輸方法爲生的人民要是沒有運輸，也就不能生存。貨幣的糜亂，購買力的信用的損失，使這些弊害更變本加厲。這個在外國貿易方面再當詳加討論。

那麼，歐洲的景象是怎樣呢？鄉下的人口可以用他的自己的農產養活自己，但是沒有以先常有的贏餘供給都市，並且（因爲缺乏輸入的原料，缺乏都市上可售賣的製造品的種類和量積）沒有普通售賣食品以換得物品的刺激，產業的人口固爲缺乏食物不能保養體力，因缺乏原料不能養活自己，並且不能由國外輸入物品以補國內生產的不足。但是據霍佛的調查『粗率的統計可以顯出歐洲人口一定須靠着輸出的生產和分配謀生活的，較比不用輸入即可生活的，至少也多過一〇〇，〇〇〇，〇〇〇人』。

討論對外貿易上重新引入生產和交換的永遠不斷的循環，我現在不能不超出題外討論歐洲貨幣的情形。

據說列甯曾經宣言，破壞資本制度最好的方法，就是毀壞貨幣。政府不斷的濫發紙幣，就可以秘密的不爲人覺察的沒收公民財產的重要部分。政府用這個方法，不只沒收並且是隨意的擅自沒收。這個方法雖然使許多人貧窮，但是使少數人增加財富。這種隨意整理財富的景象，不只危害安全，並且危害及於對於現在財富分配的平衡的信用。由這個制度獲意外之利的，純粹不是分所應得，並且出乎他希望或意料之外的，變成牟利者。(Profiteers) 中流階級，受了紙幣濫發之害而受貧困，不亞於無產階級，當然厭恨牟利者。紙幣濫發不已，貨幣的眞價值每月變動極利害；所有債務者債權者固定的關係，本爲資本制度的最終的基礎，現在也就完全紊亂，差不多沒有意味了。 求財的程序也就墮落爲賭博和彩票一樣了。

列甯的話誠然不錯。 推翻現存的社會的基礎，沒有比毀亂貨幣更高超更可靠的方法了。 這個程序把所有經濟律的潛勢力都用在破壞上，並且他的作用，使百萬人之中沒有一個人能夠察出治法來。

在戰爭的末期，所有交戰國的政府，或因爲不得已，或因爲無能力，已經將布爾札維克計畫上應該做的做了 更有甚者，歐洲的政府當時有許多又是軟弱，又是採挺而走險的方法，努力使一般人民的怨毒都集在所謂牟利者身上，反對牟利者卑劣手段表面上的影響。 概括言之，這些「牟利者」是企業家一類的資本家，就是資本家在社會活動建設的一部分，在物價急速上升的時期內，無論願意與否，無論希望與否，不能不財富暴漲。 假使物價繼續長起凡是買貨存着的，或是有私產或機器的。當然獲利的。 所以歐洲的政府把人民的怨毒都集在這個階級，乃是將列甯敏銳的心理所意識的計畫的致命的程序更進一步。 牟利者是物價增長的結果，不是原因。　這些政府一方面將一般人民的怨毒集在企業家的階級，又加以因爲紙幣濫發的結果，契約和已成就的財富的均勢，兇猛的隨意的擾亂，使社會的安全受一大打擊，已經極快的不能再使十九世紀的社會的，經濟的秩序繼續保存。　但是他們又沒有計畫可以代那個秩序。

所以現在歐洲的景象就是從十九世紀產業的發達而發生的大資本階級，在前幾年曾爲吾人能力全盛的主人的，現在極端萎弱。　他們這一階級的個人的恐懼畏葸，非常之大，對於他們在社會的位置，對於在社會組織內的必要的信仰，異常低減，乃至極易爲威嚇的犧牲。英國在二十五年前不是這樣子，美國在現在還不是這樣子。　當時資本家相信他們自已，相信自已在社會的價值，相信他們永遠存在，絕對的享受他們的財富，行使無限的權力是正當的。　現在他們一遇見侮辱就戰慄起來；——稱呼他們爲祖德派，國際的財政家，或牟利者，他們就給你罰款，你要多少都可，請你再不要那樣利害說他們。　他讓他們自滅亡，使他們自已的工具所造的政府，自已爲股東的新聞紙，毀謗自已。　大概在歷史上所有的社會，都是由他自己滅亡，實在是眞的。在西歐的更複雜的世界裏，那固有的意志 Immanent Wiee或者達到他的目的更敏巧，由野心的官吏如魯意喬治如 Klotz（法財政總長）所引起的革命，其功不亞於俄國的殘忍的哲學家的知識。（這個知識我們以爲太殘忍，大自覺的）。

歐洲貨幣的濫發已經發達到不可收拾。各交戰國政府或者是無能力，或者太畏葸，或者眼光太短，不能從國債或租稅上得到他們所需要的款子，乃發印紙幣以補其不足。俄國和澳匈帝國濫發貨幣已達到貨幣在對外貿易上已無價值之點。波蘭的馬克只值一辨士半，澳國的克龍值不到一辨士簡直是賣不出去。德國的馬克兌換時值不到二辨士。東歐和東南歐國家的情形也是差不多一樣壞。意國的貨幣雖然受有幾分的限制，已經落到額面上的半數；法國的貨幣也不能維持一定的市價，就是英鎊現在的價值也非常低減，將來的景家也不見好。

這些貨幣的價值在外國雖然漲落不定，但是在國內還有購買力，就是俄國也一樣的。對於國家法定貨幣信用的感情，在各國國民心理上根深蒂固，他們沒有旁的方法，只可相信有一日這個貨幣至少可以恢復他以先的價值的一部分。　他們以爲價值是存在貨幣的本身上的，但是他們不曉得貨幣所代表的眞財富，早已消費盡了。　這個感情有許多法律的規條維持，政府用這些法律的規條爲得可以支配國內物價，以保存他們法定貨幣的購買力。　所以法的勢力保存幾分直接的購買力，而感情與風俗的勢力保存（特別是在鄉民之中）一種願意屯積實在沒有價值的紙幣。

用法律的勢力限定物價，卽所以保持貨幣的虛僞的價值；但是這裏頭包含經濟破壞的種子，結果將供給的源流乾涸。　假使一個人受强迫要將他的勞働的出產換到紙幣，但是那個紙幣從經驗上看來不能按着他的生產品所交換得到的價錢用以購買他的需用，所以他要給自已留着他的出產，送給朋友鄰舍算一種情意；不然，他就鬆懈起來不去從事生產。　現在不按着實在的比較的價值而强迫物品交換的制度，不只使生產緩減，並且結果更使物品交易浪費，減少効能。　假使政府不去規定，任事實的自然趨勢，那主要的物品立刻就要漲價，結果只有富者可以購買。　貨幣沒有價值一旦顯出來，對於人民的欺騙也就穩藏不住了。

用規定物價，懲罰牟利的方法，以挽救濫發紙幣之弊，影響於對外貿易，爲害更大。無論在國內怎樣，貨幣在國外總要達到眞的價格，結果，國內與國外的價值失去普通的調濟。輸入物品的價值，按着現在的兌換價，比本地物價高的多。所以有許多主要的物品不能由私人輸入，一定要由政府預備，政府要按着比生產價格(Cost pricd)低售賣，就更沒有償還的能力。麵包的補助費，現在在歐洲是普遍的，就是這個現象的最顯著的例。

現在歐洲各國所受的災害，原是同一的，但是按着現狀可分爲顯然不同的二組。一組因爲封鎖與世界交通斷絕的，一組就是用聯盟協約國的財源償還他們的輸入品。我以爲前者的模範例是德國，後者的模範例是法國和意國。

德國流通的紙幣比戰前增加十倍。馬克合金的價值只約有以前的價值的八分之一。現在世界的物價按着金價說，比以先增加一倍不止，所以假使德國物價要與國外的物價相調劑，相適合，德國就要償出比戰爭以前十六倍乃至二十倍的價格。(奧國的物價比戰前增加廿乃至卅倍)但是事實不是這樣。德國的物價雖然大漲，但是論到重要商品(Staple commo lities)所漲平均或者還不過多過以先五倍。 除非同時金錢的工資有同樣激烈的稱平，物價是不能再漲的。 現存的不適合(Maladyustment)防礙輸入的恢復有兩端，而恢復輸入實在是德國經濟的改造的主要的初步。 第一，人口大部分都沒有購買輸入貨品的能力，而本可預料於封銷取消之後卽可大量的輸入的至今在商業上事實爲不可能。 （理論上本國物價低可以引起輸出，但是德國無物輸出，波蘭，澳國更是如此。 先有輸入纔可以有輸出） 第二，商人或製造家用外國的信用購買原料，而及至將該原料輸入或製造之後，只可得到價值極不穩定，不能兌換的馬克、這是一種冒險的企業。 這第二種防害貿易的復活，人常常看不出來，應該稍爲說一說。 三個月內，或半年一年以內馬克與外國貨幣兌換的價值如何現在尙不能說，兌換市價尙不能說定可靠的數目。 德國商人假使留心他的將來的信用，或名譽，人家雖然許給他短期貸借金鎊或美金的信用，或者仍是躊躇着應否承受。 他所欠的是金鎊或美金，但是他所賣得的爲馬克、等到時候到了，他將馬克變換還金鎊或美金的債時，有否能力償付全屬疑問。 所以貿易的純粹性質全失去，而最好也不過是對於兌換的投機。

貨幣兌換的漲落不定，完全消滅商業普通的利益。

所以防害恢復貿易的事情有三端：

一國內物價與國際物價的不調劑。

二個人在國外沒有信用不能購買國內所需要的原料，不能得到活動的資本，(Working capital)，不能再恢復交換的循環路。

三貨幣制度之紊亂，遂至使信用於普通商業上危險之外更有危險或不可能。

法國的流通紙幣較戰前多過六倍。佛郎換金的兌換價比以前的價值抵不到三分之二，那就是佛郎的價值按着貨幣的增加的量的比例並沒有落。(卽使金的價值低減，佛郎的量加增也只應該比原來價值少了百分之四十，不應該是百分之六十)。法國有這樣高的位置是因爲他的輸入的大部分一直到最近沒有償還過，但是由英美政府借債償還。所以失去輸入輸出的均勢，而從外國的輔助又漸漸減去，這是一件狠利害的事情。法國內部的經濟和他的物價水平線(Price level)與紙幣流通及外國兌換的關係是基礎於輸入超過輸出。這個不能永遠繼續的。　但是除非將法國的消費的標準低減，不容易見得有什麼方法改正調劑，但是即使減少消費是暫時的，也要惹起許多的不滿。

意大利的情形也差不多。　意國流通的紙幣比戰爭以前多五六倍，並且里拉(Lira)按着金價兌換價值也只約有本來價值的一半。　所以兌換與紙幣流通的量的調劑在意大利比在法國已經進行的多。　而意大利的「無形的」收入，爲海外移民的匯款，遊客的消費費用，也受了影響狠大，而澳大利的分裂，又使他少了一個重要市場。意大利又專倚賴外國的船舶和輸入的各種原料。所以更受物價增長的弊害。　因爲這些原因，他的位置是危急的，他的輸入過剩的危險的景象也與法國相若。

而法意兩國現在濫發紙幣的情形和國際貿易的不調劑，因爲兩國的預算情形，更加危急。

法蘭西不能加稅，是人所都知道的。　在戰爭之先法英兩國預算的總額和每人平均的納稅是差不多相等的。　但是法國還沒有設法彌補所增加的支出。　他們計算過的說『在戰時英國的稅由每人九十佛郎加至二百六十五佛郎，而法國的稅只由九十佛郎加至一百〇三佛郎。法國所通過一九一八年七月至一九一九年六月財政年度的租稅還不及普通戰後的支出的預算之半。將來普通預算案至少不能少於八八〇，〇〇〇，〇〇〇鎊，或者還要多過此數。但是卽使一九一九—二〇財政年內所預算租稅的收入也不過比這個數之半稍多。法國的財政部除去希望從德國來的收入沒有政策，也沒有計畫，可以補足這個大虧欠，但是法國官吏也知道那是不可靠的 同時他們仗着發賣戰時需要的材料和剩下的美國行軍所存的貨，並且就是在一九一九年之後半，毫不踟躕的竟擴充法國銀行 (Bauk of Frauce) 紙幣的發行。

意大利的預算情形比法國稍好。 在大戰爭這幾年裏，意大利的財政比法國更為進取，加增租稅，補償戰費，用了許多氣力。 但是首相尼悌(Biguor Nitti)在一九一九年十月大選舉的時候，通告選舉區民，相信應該將現狀分析詳盡，通告大家： 一·國家的支出比收入多三倍。 二·所有國家的營業如鐵路，電信，電話，都是虧本的，人民雖然用高價購買麪包，政府每年賠補還須約十億。 三•輸出的價值不過當過輸入的價值的四分之一或五分之一。 四•國債每月增十億里拉(Lire)。 五•每月的軍費比戰爭第一年的軍費還多。

法意兩國的預算既是如此，其他歐洲交戰國是更危險。 德國一九一九—二〇年全國聯邦各邦和各地方的支出合算共二百五十億馬克，此中不過百億由已存的租稅相抵。 這裏邊還不算賠款在內。 至於俄國，波蘭，匈牙利，澳地利，簡直不能認眞說是有預算這個東西。

以上所說的紙幣濫發的危險，不能只算是戰爭的結果。 戰爭的結果，現在平和恢復，已可漸補救的。 還是繼續不斷的現象，還看不見完結的。

所有這些勢力合起來，不只是防害歐洲即刻供給繼續不斷的一宗一宗的輸出，以償還他所需要的輸入，他們更毀壞歐洲的信用，不使他得所需要的活動資本以恢復兌換的流通；並且因爲將經濟的勢力向外推轉，不能均衡，所以這些勢力不特不能恢復原狀，反使現狀繼續維持。 我們目前見的歐洲是無效能的，失業，組織破壞，爲國內紛爭，國際仇恨所分裂，戰鬥着，餓着，搶掠着，欺騙着。 又有什麼證據會使歐洲景象沒有這樣黯淡呢？

我書中很少注意到俄羅斯，匈牙利，和澳地利。他們的生命的困苦，社會的分崩，人都知道，不必解析的。歐洲其餘各國仍然在預言的範圍內的，這些國已經體驗那實狀了。但是他們包括着一片大土地，大多數的人民，人可以忍受到甚麼樣社會可以毀壞至什麼樣，他們可以是顯着的好例。總之，身體的病症當大災難之後怎樣就可變爲精神的病症，他們給我們一個信號。經濟的窮困是進行緩慢的，果然人可以耐心忍受，外界的人不大注意他的。體力的效能和抵抗疾病的力量，慢慢的低減，但是生命總還是保持着。最末等到人的忍耐力達到極頂，爲失望及狂妄所迫，遂至促起忍耐者，受罪者，使從昏沈的狀態抖搜起來；這就是大危險的先聲。於是人振作起來將風俗的束縛都破開。觀念的勢力是最大的，無論什麼希望，幻想，報復的教訓，把他舉入雲霄的，他都聽。我著作的時候，俄羅斯布爾札維克主義的火焰好似暫時將自已灼盡似的，中歐東歐的人民是被制伏住爲極可怕的昏沈痲痺。最近的收穫可以救極端的窮困，平和已經在巴黎宣布了。但是冬天到了。人再沒有什麼可期待，也沒有什麼希望。度這個嚴冬安慰都市居民凍餒的柴煤是很少的。

但是能夠忍受多少，人最終從那一方面尋免去危險的方法，誰又可以說定呢？

第七章　補救

對於大事保持眞的眼光，是狠難的。我已經批評了巴黎的事業，已經用黯淡的顏色描畫歐洲的景象。這是現狀之一方面，並且我相信是眞的一方面。但是在這樣複雜的現象裏，所有的豫徵不都是向着一個方面。並且我們希望從未必全是關緊要的原因，卽產出極快的不可免的影響，或者也許是錯的。景象的黑暗使我們疑惑他不眞確。我們聽了悲痛的報告，想像力不特不興奮，反倒遲鈍。我們覺得以爲太壞不像眞的，心裏起了反動。但是讀者沒有爲這些自然的感想所左右之先，沒有讀本章所指示那些補救，修正，和發見更可喜的傾向之先，請讀者先追想兩個對照的國家，以矯正他的思想的平衡。那兩個國家就是英國和俄國，一個或者太鼓勵他的樂觀，一個應該使他記得，災難還可以發現的，近代社會不能不傳染最大的弊害的。

我寫書中各章的時候，心裏並沒有想到英國的情形和他的問題。我之所謂歐洲是作爲除去英國諸島解釋。 現在英國是在過渡的時代，他的經濟問題是危急的。 他的社會和經濟的組織或者就要發生大變化。 我們對於這樣的前途，也有歡迎的，也有悲傷的。 但是他的前途的情形與歐洲目前的情形完全不同。 大擾亂，或社會上與大變動相類似的東西我看不出一點可能來。 戰爭使我們窮了，但是不利害；——我想一九一九年國內實在的財富至少也與一九〇〇年的實在財富相等。 我們的輸入比輸出固然多，還不算過分，所以輸出與輸入的調節於我們經濟生活上不至於紊亂。 我們預算的缺乏雖大，但還不至於出乎政治家堅固謹慎的手腕以外，總還可以敷衍渡得過去的。 縮短了勞働時間，於我們生產上多少也得減少些。 但是不要以爲這是過渡的一種狀態。 假使合勞働者的式，假使使他對於他的生活狀況有同情並且適當的滿足，他在一個較短時間的勞働日能夠與以先長時間勞働日裏所做的，至少也一樣多，這個凡是熟知英國勞働者的都會相信。 此次戰爭將英國最危急的各種問題鬧到極點；但是這些問題的起源是更根本的。 十九世紀的勢力按着他的路途進行，但是已經竭盡了。 那一代的經濟的觀念和理想，我們已經不能滿足。 我們一定要尋出一條新路，再要受新產業生長的苦楚以後還有苦痛。　這是一個要素。　另一個就是我在第二章所發揮的；食物的生產實價的漲和自然對於世界更增加的人口供給遞減。　這個趨勢一定使工業國的中最偉大的和倚賴輸入食品的供給最甚的，受害特別烈。

但是這些問題是各時代都脫不了的。　這些問題完全與中歐人民所苦惱的問題不是一類。　讀者特別注意及他們所熟和的英國情形的，容易流於樂觀。　特別是那一般直接環境是美國的，假使他們想到災禍的性質，以為我們的義務就是設法（如果有法子的話）不使他擴張蔓延；他們一定注意到俄羅斯，土耳基，匈牙利，奧地利，在這些國裏都是人所能忍受的最可怕的物質的禍患，如飢饉，凍餒，疾病，戰爭，殺戮，擾亂。為他們的實際的經驗。

那麼，應該這樣做呢？本章所提出假定的解決讀者或以為不適當。　但是於停戰後六個月裏，已經在巴黎失去了機會，我們現在沒有可以補救當時所造的禍害的。　極端的窮困和社會上極大的危險已經不能免了。　我們現在只有就有力所能及的，將潛伏於今後事變的根本的經濟趨勢，改正指導，使這些趨勢不要把我們再墜入更深的災禍要促進富足與秩序的成立。

我們一定要脫離巴黎的空氣和巴黎的方法。 那般支配和會的或者俯伏於輿論的狂風之前，但是他們不能引我們出了擾亂。 四大會議即使可以翻改方法，大家也不要想他們能夠翻改。 所以更換歐洲現存的政府是必不可缺的前提。

我打算為那些相信凡爾塞和約不能持久成立的討論以下諸綱：

一修正條約。

二聯盟國際間債務的清算。

三國際公債貨幣改良。

四中歐與俄羅斯的關係。

一條約的修正。

修改條約有合乎憲法的方法嗎？ 威爾遜總統和斯默次將軍（南非國防總長英國議和代表）都相信得到國際聯盟盟約，足可抵條約上其他的弊害。 他們曾經表示過，說歐洲可以漸漸演進一個可以安居的生活，一定要靠着這個聯盟。 斯默次在和約簽字的時候，公布一篇意見，那裏邊說：『所決定的彊土，將來須修正的。 所定的保證，我們都希望不久就不能與我們舊日敵人的新心，平和的氣質，和裁撤軍備的狀態，相調和了。 所預示的處罰，裏頭有許多人，等到平心靜氣的時候，也就要妄記了。 所規定的賠款，執行起來，一定要於歐洲經濟的恢復有大害的，將來要更和緩減輕爲大家的利益。……我深信這次戰爭所加於歐洲的毀壞，還是國際聯盟可以爲解決的一條路』。

威爾遜總統在一九一九年七月初旬，將和約提到上院的時候，他說，假使沒有聯盟『要永遠繼續監察德國在下一代所担負的賠償，或者要完全破壞。 條約所規定的行政組織及限制，認明沒有永久的利益，或者執行太久就完全失了公道，假使重新討論再加修正一定是不能行的』。 (威爾遜總統說到監察賠償託諸國際聯盟是不對的。 本書第五章說過的，關於約條永久的經濟的，彊土的規定，是託諸聯盟的，但是論到賠償則不然。 賠償委員會關於賠償的問題，賠償的改正，有全權，不能控訴於國際聯盟的)。

這兩位創造聯盟的重要人物，鼓勵我們所希望的，我們可以期待由聯盟執行進行，即能得到那些利益嗎？　有關係的條文見盟約的第十九條，如下：

『有條約之業已不能適用者，或有國際情形遷延不改將危及世界和局者，代表會得隨時請在會各國重行計議』。

但是可惜呵！　第五條已規定了：

『除本約法或本約內另有明文規定外，凡代表會或行政會議取決事件須經列席各在會國之全體同意』。

論到重行計議和約的條件，這第五條豈不使聯盟會變成一個極費時間的團體嗎？　假使訂約各國全體同意，以為在特別意義上須有更改，那麼這個事務也就用不着聯盟，用不着盟約。　即使聯盟的代表會都全體同意的時候，也只有特別受影響的國家『請』重行計議。

但是擁護聯盟者又說，世界輿論的勢力可以使聯盟發生効力，大多數的意見在法律上雖然無効，但是在實際上可以有决絕的分量。　條約的修正最初不是託給常開會議的行政會議，但是託給那不常開會的代表會。 這個代表會，凡是在聯盟列強會議有過經驗的一定都知道的，一定成一個大辯論會：語言雜多，不能指揮，凡是最大的决心和最好的管理都爲反對派贊成維持現狀的所阻撓，完全不能有什麽結果。 盟約裏誠然有兩個最不幸的缺點：一個是第五條規定全體同意。一個是最受人辯論的第十條，『聯盟各國担任，尊敬並保全所有在會各國之領土完整及其現有之政治獨立，使不受外力侵略』。 這兩條合起來已經把聯盟爲進步的工具的觀念，毀壞了不少，並且一起首就存着偏於維持現狀的偏見。 （這個偏見是最致命的） 但是調和那些起初反對聯盟者的，就是這些條文。 他們現在希望將聯盟再做成一個神聖同盟延持敵人的經濟的破壞，爲他們的利益保持均勢，這個均勢他們以爲是這次平和所建設的。

專爲『理想主義』隱瞞那修正條約的特別事情上的困難，那誠然是錯的，並且是愚妄的。但是我們也不必攻擊這個盟約。 世界上的智慧或者還可以將聯盟變成一個極有力的平和的工具。 況且盟約內第十七條已經成就一個極大極寬仁等成績。 所以我贊成最初努力修改條約，一定要由聯盟內做，不可用旁的方法。　希望輿論的勢力，假使必要的時候，財政上的壓迫或財政上的引誘，或者足可以阻止那頑固的少數，不使他行使否認權。　我們一定要信任新的政府（我假定聯盟的主要國要有新的政府）比他們的前身有更深的知慧有更大的力量。

第四章第五章裏已論到條約裏許多條件是可反對的。　我現在不必詳細討論，或逐條將條約修正。　我只關於賠償，煤鐵，稅制三事，討論歐洲經濟生活所必要的大變更。

賠償。

假使所要求賠償的數目比聯盟國按着嚴格的解釋他們的約定所應得的爲少，那麼就不必細別他的細目或者討論關於編製的議論了。　我所以提議以下辦法：

（一）德意志關於賠償或駐防軍的軍費應該支付的數爲二，○○○，○○○，○○○鎊。

（二）將德國按着和約所交付商舶和海底電線，按着休戰條約所交付的戰事用材料，還有所交付的在割讓的疆土內的國有產業，割讓疆土內的德國關於公債的權利，對於他以前的聯盟的權利等應該做為五〇〇，〇〇〇，〇〇〇鎊，不必逐件估定價值。

(三)按上所定的數，德國應行償還一，五〇〇，〇〇〇，〇〇〇鎊，從一九二三年起分為三十年攤還，每年五〇，〇〇〇，〇〇〇，未還之數不得取利息。

(四)賠償委員會應該即行解散，假使仍有應行之職務，委員會應為國際聯盟的附屬機關，委員會內並應收容德國和中立國的代表。

(五)應該讓德國按着他的式每年付款，對於他不能履行職務時，控訴應該提出於國際聯盟。　這就是說，除非從聯盟國及合衆國的敵產管理局手中所存的數目或已清算之數目，付還德國私人的債務外，不得再收沒德國私人在海外的財產。　特別是條約上二六〇條(即關於收沒德國人的有益公衆事業之條)應該取消。

(六(不得從澳地利要求賠償。

煤與鐵。

(一)和約第八卷第一章附件五，關於聯盟各國擇定煤噸及煤炭出品之權應該作廢。　惟德國因爲毀壞法國煤礦仍須履行補償法國煤炭之損失之職務。　卽德國須『担任於十年範圍以內逐年按 Nord 及 Pas de Calais 二處因戰事被毀之煤礦所出比較戰事前每年短產之數，照數補還法國，此項補足短產之煤，在前五年內以每年二千萬噸爲限，後五年內以每年八百萬噸爲限』。　但是倘上錫萊錫亞產煤區域全民投票結果脫離德國之後，此種義務卽應取消。

(二)關於薩爾流域的規定，仍應有効，惟一方面德國關於礦產不得受債權。　他方面，十年之後應該無條件的，無抵償的將礦山及彊土劃歸德國。　但是在十年之內，法國應從羅蘭供給德國戰前由羅蘭運入德國本部鐵礦苗百分之五十之數，以償足德國送至羅蘭戰前由德國本部送至羅蘭煤炭之全量，惟此數應該除去薩爾流域的出產所供給之一部分。

(三)關於上錫萊錫亞的規定仍舊。　舉行全民投票，聯盟共事諸國應顧及投票時居民所示之意向，並顧及地方之地理及經濟情形。　但是聯盟各國應該宣告他們的意見，除非居民的意向决定反對，按『經濟上情形』須將煤礦區域加入德國。

（四）聯盟諸國所設立的煤炭委員會應該爲國際聯盟的附屬机關，並且應該擴充加入德國及中歐東歐諸邦，北部中立各國及瑞士之代表。他們的職權只限於顧問的，但應該擴張分配德國，波蘭，舊澳匈帝國的各部分及英國可輸出的煤產。凡在委員會有代表的各國，應該供給完備的消息，在他們權利及切身利益之內。應該聽從委員會的指導。

關稅。

不顧對於他國加保護稅側的各國，得在國際聯盟之下設立自由貿易聯盟（所謂保護稅側包括以下四種：（一）完全禁止某種輸入品（二）對於本國不出產的物品設消費稅或財政稅（三）所加的關稅比對於國內同類的產物所加同價值的消費稅不多過百之五，（四）輸出稅自由貿易聯盟中大多數認可者得有權許可除外。假使有一國在加入聯盟之前所設的稅制已成立有五年，可以許其於入聯盟自開之後分五年遞減）。德國，波蘭由澳匈帝國所產出之新國家，土耳基帝國及受委任治理之國家，應被强迫入聯盟十年。十年以後得依其意向定加入與否。其他諸國加入與否悉聽自由。但總希望無論如何英國爲發起之一員。

按着德國的能力定他們的賠償，就可以使他們疆土內有再新及企業的希望；和約中因不能履行條件所產出永久的磨力及不正當的壓力也可免除，而賠償委員會的高壓的勢力，也就用不着了。

將直接或間接關於煤炭的條文減輕，並且與鐵礦相交換，就可以使德國繼續他的產業；因爲政治上疆界畫分，而鋼鐵的工業不能自然的集於一處，德國生產上損失，由此也就可以限制。

自由貿易聯盟可以多少挽救組織上及經濟効能上的損失。 這種損失因爲許多國家，貪婪。忌妒，倘未成熟，經濟上又不能獨立，產出許多政治的邊界來，這種損失，一定有的。有幾個大國家，包括廣大的疆土，雖有經濟的疆界，尚無大害。 及至德，澳，匈，俄，土等國，分裂爲幾個獨立的國家，那經濟的疆界是受不了的。 假使自由貿易聯盟，可以包括歐洲中部，東部及東南部全體，西比利亞，土耳其，(並且我希望)英國，埃及，印度，增進世界的和平及茂盛也與國際聯盟之功相若。 比利時，荷蘭，斯堪地那威，瑞士，也可希望來歸附。 法意兩國若肯加入，也是大家所最希望的。

有人批評這種計畫，實不啻實現德人以先所懷「中歐」Mittel-Europe之迷夢。 假使各國皆昏聵不加入聯盟，而任德國專有其利益，此種批評或有幾分眞理。 但是一種經濟制度，各國都有加入的機會，沒有一國可得特殊利益。一定可免除那帝國主義上排斥，差等的危險。 我們對於這些批評的態度要由我們對於國際關係之將來及世界和平的道德的情緒的反動而定。 假使我們的意見以爲德國至少在下一代之期間內，不能任其能有絲毫之繁昌，凡屬聯盟都是光明之神，凡屬敵人如德國人，澳國人，匈牙利人等都是惡魔之子孫，每年要使德國窮困，凍餒他的兒童，爲敵國所環視，那麼，此章所有的提議，特別是可以幫助德國恢復他以前一部分的物質的繁昌，使他的都會上工業人口有生活之道那些條，都須拒絕。 假使西歐的民治國採用這個國家觀念，這個國際關係的觀念，而美國又與以財政的援助，望上天來拯救我們。 假使我們的目的是誠心的困窮中歐，我敢預言報復一定到的。 頑固的勢力和革命失望的震動間的衝突沒有法子可以阻止，一定要來的。 對德戰爭的先後比較這個沒有什麽。至於這個戰爭將來無論誰是戰勝者，我們這一代的文化進步都要被他破壞的。即使結果使我們失望，我們的行為豈不可以靠着更好一點的希望嗎。我們豈不可以信一國之繁昌，幸福，可以促進別一國的嗎？我們豈不可信人類團結不是一個假話，各國民還可以同胞相待嗎。

以上所提議的修正，結果足以使歐洲的工業人口繼續謀生。但是只有這個修正，是不夠的。特別的如法國在紙上有所損失（只於在紙上損失因為他現在的債務永遠不能實在履行）並且一定須有方法免除他的困難。我現在提議（一）調解合衆國及聯盟國間的債務（二）準備十分的信用使歐洲再造出流通的資本。

二，聯盟國間債務的整理。

以上提議賠償條件的修正，只就德國的關係方面討論。但是為公平起見，德國方面的數目既如此大減，聯盟國之間所均分之款也須重行規定。按着我們的政治家在戰時的宣言，還有其他的攷慮，敵人毀壞的地方，當然應該有受賠償的優先權。這個雖然是我們所戰爭的最終目的之一，但是我們向來沒有以賠償軍人安家費爲戰爭的目的的。所以我提議我們應該在實行上證明我們是眞心的，可靠的，所以英國應該把所有的現金的賠償讓給比利時，塞爾比亞，和法蘭西。德國賠償的全數就先賠償被敵人侵略的各地方所受的物質上的損失。我想可以得到的一，五〇〇，〇〇〇，〇〇〇鎊，足可以完全抵恢復的實在費用。再者英國只可以完全將對於現金賠償的要求退讓，總可以心胸坦白的要求修正條約，並且恢復他失信的名譽；因爲英國一九一八年總選舉時議員所誓約的是英國要担負大責任的。

賠償問題如此解决，再提出兩個財政上的提議，恩惠更深，成功的希望更大。這兩個提議都要請合衆國的大量。

第一將聯盟國間（卽聯盟共事各國政府間）因戰爭而發生的債務完全抵消。這種提議在某方面已經提出過，我想於世界將來的繁昌，絕對的重要。倘與此事關係最深之英美兩國能採用此計劃，實可謂政治家有遠見之政策。關於此事之金錢總數可約略如下表所示：

借出款者／借入款者	合衆國	布列顛	法蘭西	總額
布列顛	八四二·〇〇〇·〇〇〇鎊	………	………	八四二·〇〇〇·〇〇〇鎊
法國	五五〇·〇〇〇·〇〇〇	五〇八·〇〇〇·〇〇〇鎊	………	一〇五八·〇〇〇·〇〇〇
意國	三二五·〇〇〇·〇〇〇	四六七·〇〇〇·〇〇〇	三五·〇〇〇·〇〇〇鎊	八二七·〇〇〇·〇〇〇
俄國	三八·〇〇〇·〇〇〇	五六八·〇〇〇·〇〇〇	一六〇·〇〇〇·〇〇〇	七六六·〇〇〇·〇〇〇
比國	八〇·〇〇〇·〇〇〇	九八·〇〇〇·〇〇〇	九〇·〇〇〇·〇〇〇	二六八·〇〇〇·〇〇〇
塞爾比與傑哥斯拉夫	二〇·〇〇〇·〇〇〇	二〇·〇〇〇·〇〇〇	二〇·〇〇〇·〇〇〇	六〇·〇〇〇·〇〇〇
其他聯盟國	三五·〇〇〇·〇〇〇	七九·〇〇〇·〇〇〇	五〇·〇〇〇·〇〇〇	一六四·〇〇〇·〇〇〇
總額	一九〇〇·〇〇〇·〇〇〇	一七四〇·〇〇〇·〇〇〇	三五五·〇〇〇·〇〇〇	三九九五·〇〇〇·〇〇〇

假定聯盟國所借入不能與其所借出者相抵消，則聯盟國際之債務總數爲四，〇〇〇，〇〇〇，〇〇〇鎊。只有合衆國是債權者。英國借出比借入多過兩倍。法國借入比借出

的數約多三倍，其他諸國都只是借入者。

假使聯盟國際間債務互相豁免，則紙上的結果（假定借款都可靠）美國退讓約二，〇〇〇，〇〇〇，〇〇〇鎊，英國退讓約九〇〇，〇〇〇，〇〇〇鎊。法國所受的惠，是免去七〇〇，〇〇〇，〇〇〇鎊。意大利所受的惠，免去八〇〇，〇〇〇，〇〇〇鎊。但是這些數過言英國的損失，少言法國的利益，因爲這兩國所借出之款，大部分是借給俄國，無論怎樣不能算可靠的了。假使英國借給聯盟的款，按全額的半數計算，（這雖然是隨意的假定却是極方便的，財政總長採用這種計算法不只一次，用這個算法計算國家支出收入的比較也狠夠的）結果他沒有損益的。但無論如何，結果是在紙上計算。假使這樣清算，使大家放心，不至於懸念，已有大益。所以有這個提議是要求合衆國的大量。

我因爲深知戰事以來英美及其他聯盟國財政部的關係，所以敢相信假使歐洲努力改變方向，不去繼續戰爭（經濟的或他種的）謀大陸全部經濟的改造，歐洲狠可以請求合衆國這個寬宏大度的行爲。合衆國財政上的犧牲與其財富相較，比歐洲各國是少得多。這也是當然的。此次歐洲的衝突，合衆國政府假使如歐洲各國費盡全國的精力，就無顏以對其國民。

自從合衆國加入戰爭，姑不論他的軍隊到後所決定的勢力，他的財政上的輔助是濫用無所限制。假使無此輔助，則聯盟國決不能戰勝。歐洲也永遠不能忘記美國在一九一九年前半年霍佛和美國救濟委員會所與的非常的輔助。向來沒有私心之好意，高貴的事務，能夠眞誠，固執，巧妙，不要求感謝，也沒有感謝，沒有像這樣的。歐洲不知感激的政府藉重於霍佛和他共事的美國服務者的政治家的計畫和眼光眞是不少，恐怕他們至今沒有理會將來也不能再得着這樣的輔助的。美國救濟委員會看出來（只有他們看出來）歐洲在那幾月的情形，並且對待那個情形也是人應該對待的樣子。是他們的努力，精力，和美國的財源，由總統交給他們自由處置，而常受着歐洲的阻撓，這個不只救濟了人類許多的困苦，並免除了歐洲制度的破壞，格外擴張。

我們這樣說美國的財政協助，我們無形中假定（我想美國也是這樣假定）他們給錢的時候，並不是投資的。假使歐洲把美國所借出的財政上的協助二，〇〇〇，〇〇〇，〇〇〇鎊，按着百分之五利息都還上，這個情形就都變像了。 假使美國的借款是這樣、他的比較的財政上的犧牲也太小了。

對於比較的犧牲上的爭論，是乾枯的，並且是很傻的。 兩方面有許多適當的關係完全英同的，那麽，比較的犧牲；又何必一樣呢？ 所以下邊所提出的二三事實，並不是提出對於美國人有力的辯論，但是爲得顯明英國人有這樣的提議，並不是爲他的自私，或爲他自己國裏脫除相當的犧牲。

（一）英國財政部在美國加入戰爭以後，從美國財政部借來之款，可以與英國在同時期內借給其他聯盟國的款子相抵（此數除去美國加入戰團以前的英國借出的款子）所以所有英國在美國加入戰團後美國的債務都不是爲他自己，都是爲其餘的聯盟各國，因爲某種原因不能直接向美國求助的。

（二）英國已經處理了值一，〇〇〇，〇〇〇，〇〇〇鎊的外國有價證券，此外又借外債一，二〇〇，〇〇〇，〇〇〇鎊。 美國不特沒有賣出，反購入證券一，〇〇〇，〇〇〇，

○○○鎊，差不多沒有借外債。

（三）英國人口約合美國人口之半，英國的收入約合美國收入三分之一，集存的財富約當美國的二分之一三分之一之間。 所以英國的財力約當美國五分之二。 這個數目可以使我們作以下的比較：英美都除去借給聯盟內國的款（假定所有借款都將歸還）那英國的戰費當美國的戰費三倍，按財力說當美國的七八倍。

我把這個問題簡短的解決了，現在要討論更大的問題，就是交戰國間將來的關係。 按着這個關係纔可以判斷現在的提議。

假使不按着現在所提議的解決，此次戰爭的結束一定是網狀的關係，由聯盟之一國，納貢於聯盟之一國，這個納貢的總數，比從敵人得到之數還大； 而戰爭的結束，就是聯盟所受不了的，互相償付賠款，而不從敵人方面收到賠款。

因爲這個緣故，國際間債務的問題，與歐洲聯盟各國人民對於賠款問題的濃厚的感情，有相密的關係——這個感情不是基礎於德國實在能否有力償還的合理的計算，但是靠着一還有根據的研究，就是假使德國不來償付，這些國的財政情形是受不了的。　我取意大利做極端的例。　假使能夠希望意大利交付八〇〇，〇〇〇，〇〇〇鎊，德國就可以(也就應該付)比這個更高的數。　或者假使決定(一定是要這樣決定的)澳地利可以差不多不付一錢，則澳地利倖免，而意大利則負重債，豈得謂平？　或與此微有不同，意大利看見捷克斯婁瓦奇亞更交付的極少，或不付一錢。而希望他自己還付這個大數，怎麼可以呢？　英國在債權一方面，他的財政情形不同；請英國償還八〇〇，〇〇〇，〇〇〇鎊，與請意大利償還不同。但是那感情仍然是一樣的。　假使德國沒有償款，英國就須滿足，那麼，英國對於償還美國抵抗的一定利害。　有人或者說美國既然對於英國得到抵當，那麼，英國也就應該對於德法意俄破產的產業的要求，滿足。　法國的情形至少也是一樣的利害。　他差不多不能夠從德國將他的鄉間的破壞的全部的賠償得到。　但是戰勝的法國一定要償還給他的聯盟，他的友邦，那債比他一八七〇戰敗時賠給德國的賠款還多四倍。　俾斯麥克的手腕，比聯盟國或共事國還算輕呢？　所以假使不以癲狂憤懣的心理，明白敵國交付賠款的真景象，則聯盟間債務的淸算，是聯盟國人民所必要的初步。

若是說歐洲聯盟對於這些債務的本利不能歸還，未免言之過甚，但是使他們歸還，實在給他們重不勝任的累。 所以他們將來要常想法脫免歸還，這個是將來許多年國際間惡感的根源。 欠債的國家不愛那債權的國家的。 假使法意俄諸國因為他們一定每年要歸還英美借款，將來的發展有許多年為他阻害，他們對於英美的感情絕不會好的。 這是使他們在他方面聯絡友邦的一個大誘因。將來斷絕平事的關係，同時也就發生脫除歸還外債的大利益。所以如果這些大債都取消，以先有聯絡共事的國家的團結與眞友情，得以促進。

無論在那裏，戰事債務是危險財政的安穩的。 歐洲國家不久一定以拒絕歸還，成為最重要的政治問題的。 論到內債，兩方面都有利的部分，那個問題就是國內的財富問題。論到外債則不然，債權國不久就發見他們的利益與維持債務國某種特別的政府或經濟組織有密切的關係的。 糾紛的聯盟比較糾紛的債務可以算是沒有害。

讀者對於這個提議的態度最終的攷慮要看我們國內國外的戰時財政所遺留給我們的債務

的糾葛，在世界進步上將來的位置。　戰爭的結果就是各國都是欠他國極大宗的款項。　德國欠聯盟國一大宗，聯盟國欠英國一大宗，英國欠美國一大宗。　國家欠各國有戰事公債的一大宗，而這些納稅者和其他納稅者又欠國家一大宗。　全局面是非常的假，迷惑而且麻煩。　除非我們把這些債務的拘束脫去，我們永遠不能自由動轉。　所以把這些紙上的債務都放成烟火，付之一焚，是最必要的。　除非使這個烟火是有秩序的，大家高興的事，裏頭對於那一方面都不失爲公道，這個烟火將來總有一時擴大，除去債紙還要連灼許多旁的。　論到內債我是相信徵收資本(Capital levg. or levg on capital)償清內債，是歐洲交戰各國健全財政的絕對的必要條件。　但是政府間大宗債務繼續存在，是有特別的危險的。

當十九世紀中葉之先，除去因爲實行實在占領的强迫，或者有時候按着封建制度所認可的由於不住在本領土的諸侯向地方上索取貢獻之外，沒有一國欠外國大宗款子的。　在過去五十年間歐洲的資本不得不流溢到新世界，雖然比較的爲數甚微，但是也要使阿根廷每年要償還英國款子。　但是那制度是危軟的，這個制度可以存在因爲他的負担一向還沒有過於繁重，因為這個負担是由不動的財產代表，並且與財產制度相連接，又因為所借的款子比希望將來再借的款子比較的還小。 銀行家習於這個制度，並且相信這個制度是固定的社會的秩序的一部分。 所以他們用類推也就相信政府間也有相似的制度，局面更大，更繁重，沒有不動的財產做代表，與財產制度關係不大密切。 這種看法是自然的，合理的，且與人性相合的。

我懷疑這種世界觀。 就是在國內的資本制度，有地方上若干的同情，在每日生產程序上為實在的一部分，並且現在社會的組織大部分都靠着他的安全，都不是安穩可靠的。 但是無論如何，歐洲憤懣不平的人民願意在將來一代將每日生產的顯然的一部分都用在還外債嗎？ 何況那歸還的理由無論是歐洲還美洲，或是德國歸還歐洲他部，並不是合乎公道或義務的觀念呢。

一方面，歐洲終久須倚靠着他自己的每日勞働。不能靠着美國的豐富。 他方面他也不能為他每日勞働的成績流溢外出，節省克儉他自己。 總之，我想這些歸還的債，最好也不過歸還幾年。這些債與人性不合，也與時代的精神不相容。假使這個思想方法有力量，情與寬大相一致，那麼促進國家友誼的最好政策，也就不與施恩者的永久利益相衝突的。

三，國際借款。

現在論第二個財政計畫。歐洲的需要是急迫的。可以救了他們未來兩代的生命，免了償付英美繁重債款（每年也不從德國收取關於恢復費的輔助）就是解去將來過度的懸念。但是這個還不能應付他們即刻的困難，如歐洲的輸入超過輸出，外國兌換的虧損，貨幣的紊亂。暫時沒有外邊的帮助，要辦起生產來是很難的。所以我贊成一種國際借款，如法德英美各方面都會有這樣主張的。無論如何，償還的最終的責任是分配開的，那尋出即刻的財源的重任，一定要大部分屬於美國的。

對於這一類的計畫的重要反對之議論如下。美國有了近來的經驗以後，不願意再把自已糾纏在歐洲的事情了，並且無論如何現在是沒有大宗的餘剩資本可以輸出。歐洲能否善用他的財政上的輔助，沒有保證。 他或者不至濫用，而兩三年以後還像現在一樣糟，如法國用了這款也不過稍爲延遲加稅之日，意大利和傑哥斯拉夫維亞，要爲這個款子戰爭，波蘭要按着法國所計畫的對於他的隣國履行軍事的職務，而羅馬尼亞的官僚們就要私自將贓分開了。 總之，美國一定要延緩他的發展，提高他的生活費，爲的使歐洲可以使過去九月間的行爲，政策，人物繼續再延長一二年。 至於對德的輔助，歐洲聯盟各國，既然不顧美國在巴黎的財政代表的辯論和請求，竟將德國所餘的活動的資本，都剝奪淨盡，而向美國求款使這個戰敗國恢復到等一二年內再起首剝奪的程度，這是合理嗎？ 這受的了嗎？

攷事實的現狀，這些反對的議論無法駁詰。 假使我在美國財政部有權利，我無論現在歐洲那一個政府，也不借給一個錢。 不能再給他們錢用在推行他們的政策上。 總統雖不能行使美國人民的權力，不能發揚美國人民的理想，但是共和民主兩黨反對這個政策却是聯合一致的。 但是假使（我一定要祝禱他們）今年冬天，歐洲人民拋棄了戰爭所產出而遺存到現在的偶像，把他們現在心裏的忌妒和國民性去掉，代以全歐洲幸福與團結的希望理想，則美國人民迫於自然的虔敬與孝愛，當然要不顧關於私人利益的小的反對之點，而他們以先既將歐洲從有組織的武力之專制中救出，現在也應再將歐洲從他自身中救出，以完成他的偉業。就是變化不能完全成功，而歐洲各國只有幾黨擁護調解的政策，美國仍可指示路途，祖助平和黨做出輔助再造生命之計劃和條件。

據說現在美國心理上最強的衝動，就是脫離這種混亂，紊亂，兇暴，浪費，總之，脫離不可解的歐洲問題。對於歐洲政治家的昏愚，不識實際，自然要說你自己的惡，讓你自己朽爛，我們走我們的，『遠離歐洲，遠離開他的惡濁的希望，他的殺戮之場和他的汚濁的空氣』。著者自身也感受頗深切的。

但是假使美國稍為追想歐洲以先對於他，現在對於他是怎樣，藝術智識的淵泉的歐洲無論如何，現在，將來仍然是歐洲他豈不能排斥那些冷淡孤立的議論，而專注意經營那於全人類的進步文明有大關係的呢？

那麽，專為保存着我們的希望，假定美國預備着對於建設歐洲的好勢力有所貢獻，並且既然將敵人完全破壞，不任我們享受災害，——他應該怎麼樣做呢？

我不想討論細目。所以關於國際借款的計畫，大概都是差不多的。可以給輔助的國家，如中立國，英國和美國（爲所需款之大部分），一定要爲歐洲大陸的交戰國家無論聯盟方面或敵人方面，籌備購買的信用。所需要的總數或者沒有所懸想的那樣大。最先或者二○○，○○○，○○○鎊卽可做許多事情。卽使取消聯盟國際間戰爭債務已成立爲另外的先例，借這個款，也應該打着無可疑的完全歸還的主意。有了這個目的，那借款就是最安穩的了，將來歸還的整理也就是最完全的了。論到歸還，這個借款的本利，應該在各種賠償，所有的聯盟國際間的債務，所有國內的戰債以及所有別種政府的債務之先。借款的國家可以得到賠償的應該以賠償的收入做新債的抵押。又借款的國家應該按着金本位定關稅的收入償還新債。

新借款的支出，應該受貸與國的普通監督，不受細則的監督。

假使於以上所說購買食品及原料的借款之外，更成立一同數的借款，（借款之一部分爲現金卽是了）國際聯盟中各員都按着資財輸納，就可以藉着這個改良貨幣，也是能實行的。

這個樣子歐洲就準備最小數流通財富，可以恢復他的希望，再新他的經濟的組織，使他的偉大的眞正財富，有利於其勞働者的功用。現在用不着再詳細討論這個計畫。此章所提議時計畫成爲實際政治之先，輿論應有大變化，我們要忍耐的等待事情的變化。

四中歐與俄羅斯的關係。

本書論到俄國的地方甚少。俄國狀況大概的性質甚重要，是不待言的，但是可靠的詳情我們大概不知道。既然論到歐洲經濟狀況怎樣可以恢復，所以俄國問題有一二方面是非常重要的。

從軍事方面觀察，俄德勢力的聯合，是有許多人極端畏懼的。假使兩國的頑固派成功，這個聯合者可以發現。但是列甯與現在的中等社會的德國政府，會有一致的目的，是出人想像外的。而怕這個俄德聯合的人，更怕布爾札維克主義的勝利。但是他們一定要承認攻擊布黨最有效的勢力在俄國以內，就是頑固派；在俄國以外就是德國的秩序權威勢力的鞏固。所以主張直接或間接干涉俄國的他們自已就永遠互相反對的。他們不知道他們需要什麼，或者他們所需要他們不能看出來爲不並容的。這是他們的政府如此無恆如此無用的一個緣故。

聯盟在巴黎的會議，對於德國現在政府的態度目的，也有顯然是一樣的衝突。德國斯巴達苦司的勝利可以爲各處革命之先聲，聲援俄國布黨的勢力更促進人所畏懼的德俄的聯合，那一定把根據和約上財政條款經濟條款的希望完全去掉。所以巴黎是不喜歡斯巴達共司的。但是德國頑固派的勝利也一定認爲歐洲的危險，防害平和的基礎及勝利的結果。況且東方崛起一個新的陸軍勢力，以普魯士爲精神之中樞，把所有東歐，中歐，東南歐的軍事專家，軍事冒險者；把所有惜憐皇帝而深惡民政者都吸引來，這個勢力，在地理上聯盟的軍力不能達到，自膽怯的人預料起來，可以從世界的軍國民主義之灰燼裏突然建立一拿坡侖馭駕全歐之形勢。所以巴黎也不喜歡德國的頑固派。這個議論指示我們使扶持那緩和派的勢力，這個勢力出世人意料之外仍然藉着德國人的性質維持他自已。但是在現德國的政府維持統一比維持旁的更甚。 有些德國人想爲一八七〇以後所餘的統一，用和約的簽字來做代價也是值得的。 所以巴黎希望萊因以東的解紐尚未泯絕，有了侮辱無禮的機會或減少政府的權勢或奪去政府的勢力的機會，絕不肯錯過。 （關於那政府的繼續穩固，所有歐洲的保守的勢力都相牽連的）

這個進退兩難的情形，關於法國所指揮使命的波蘭的將來也是一樣的。 波蘭應該强盛，有軍備，忠實，爲法國的夥伴，至少也要爲他的嬖倖的友邦，在死灰的俄國與破壞的德國之間，茂盛而偉大。 假使可以勸羅馬尼亞稍爲整理外觀，也可以使爲第二的波蘭。 但是假使波蘭的鄰邦不能恢復秩序發達，他在經濟上是不能成立，沒有工業，只有猶太人的借貸。 等到波蘭看出法國的引誘的政策，純粹是瞎吹，金錢，榮耀一點也沒有的時候，他立刻就去依附別人去了。

所以外交的算計沒有結果。 英法兩國的人尋最無害的興奮劑並且相信（雖然不必相信但是他的行爲確是如此）外交政策和那低賤的鬧戲爲同類的，於是在俄羅斯。波蘭等處發了狂忘的夢想和兒戲的詭計。

我們現在討論更確實的問題。德國政府於一九一九年十月三十日宣言永遠繼續對於俄國內政不干涉的政策『不只是原則上就是從實際方面觀察這個政策也是正當的』。假定我們就是不在原則上從實際上觀察，最末也採用這個政策。此後中歐與東歐關係上的經濟要素又如何呢？

戰爭以前，西歐中歐從俄國輸入大量的穀類。假使沒有俄國，西歐，中歐各國就要缺乏之。自從一九一四年，缺少了俄國的供給，一部分從所儲存的，一部分從北美的有餘溢的收成（由霍沸保證的價值所引起者）補足，然大部分是由節省省和困窮補足。一九二〇年以後，俄國供給的需要，比戰爭以前爲更甚。因爲北美的保證的價格已經取消，北美人口的增加比起一九一四年來，使需要大加膨脹，而歐洲的土壤，還不能恢復到以先的生產力。假使對俄通商不能恢復，（除非是大豐年）一九一九—二〇的麥一定狠少狠貴。所以近來聯盟各國宣告封鎖俄國是愚而無遠見的政策。與其謂封鎖俄國無甯謂封鎖我們自巳。

恢復俄國輸出的程序，無論如何是緩慢的。 現在俄國農民的生產力，還不能產有戰前輸出的餘剩。 此中有許多原因，內有農具和農事附屬品的缺少，因爲農人用農產交換都市物品，缺少失去農人努力的刺激。 最後因爲交通毀壞，收集各地方的餘剩於分配的中心，遂窒礙難行。

除非有德國的企業和組織，要於短時期內恢復生產力的損失，是沒有法子的。 從地理上和他原因上，英法美各國人不能去做。 我們做起大計畫來，也沒有刺激，也沒有方法。而德國有這個經驗，有這個刺激的鼓勵，並且也有材料可以供給俄國農人過去五年間所缺少的物品，重新組織交通收集的事務，並且爲公共的利益將我們所缺短的供給，運到世界的市場。 使德國人去組織俄國農業促進俄國村落普通經濟動機的衝動。是於我們有利的。 這個程序與俄國的政府不相關，但是我們可以斷定無論蘇維埃式的政府所代表的共產主義，能永遠與俄國的氣質相合與否，貿易，安舒的生活，普通的經濟動機恢復了以後，不像可以促進那兇暴專橫的理論的。 （兇暴專橫的理論乃戰爭與失望所產生的）。

我們的對俄政策，不只是要贊成，並且要採取德國政府所宣布的不干涉政策。不只要停止於我們有害的不合法的封鎖，反須鼓勵或輔助德國在歐洲為他東鄰南鄰創造財富，組織財富。

有許多人對於這個提議發生極利害的偏見。我請他們仔細想一想那偏見的結果。假使我們因為對於俄德的政府或人民，有國民的，種族的，或政治的仇恨的感情，所以反對俄德恢復物質幸福的各種方法，我們就要預備受那仇恨的感情的結果。歐洲相近接的種族，卽使是沒有道德的團結，還有經濟的團結，我們要注意的。現在世界市場是一個的。假使我們不許德國與俄國交換物產養活他自己，德國一定要與英國爭新世界的物產。我國停斷俄德的關係越利害，我們自己的經濟程度也就越低，國內的問題也就越危險。這是說問題的最小的。此外還有建議專反對再擴張或鼓勵毀壞各國經濟的政策，就是最愚鈍的也不能看不明白的。

各地方的情形看不出有驟然的奇怪的變化。 雖然有暴動，革命，但是現在還沒有根本的重要 革命是反對政治專橫不公的一個武器。 但是革命又那能使受經濟的困窮的發生希望，他們所受的經濟困窮不是由於分配的不公平，但是普遍的。 保證中歐不至發生革命的。就是因爲革命不能給我們改良的希望，就是不願生死的人也是這樣想。 我們今後或者有長久的沈靜的凍餒，生活程度的緩漸的低降。 歐洲的破產，衰敗，假使任其進行不設法補救，每人嘗要受影響，但是不見得利害的或直接的，

這裏有可幸的一方面。 我們仍有時候可以再致慮進行之途，用新眼光觀察世界。 論到最近的將來，事實正在變化，歐洲最近的運命已不在一二人之手中。 明年的事實，不能按政治家的行爲造出，但是爲暗潮所改造，那暗潮永遠在政治史之表面下流，沒有人可以預言的。 我們只有一法可以影響這暗潮——促動教育與想像之勢力以改變見解。 表揚眞理，暴露幻想，消散仇恨，發展和教育人的心胸，爲方法。

我著此書正在一九一九年的秋季，是我們運命沈寂的季候。 過去五年間的努力，恐懼

，窮困的反動達到最高點。　我們超乎物質生活的最近問題以上的感覺暫時已爲所晦。　在我們自已最直接經驗最可畏的預想以外，重大的事實已不能動我們了。

我們已經被動的過了可耐的程度，現在需要休息。　人的一生靈魂的氣燄最低只有這個時候。

因爲這些原故，新時代的眞聲音還沒有說話，沈默的意見還沒有造成，　我貢獻此書爲造就將來的輿論。

克卡樸著
關司增訂
李季譯
蔡元培序

新青年叢書第一種

社會主義史

定價 布面一元 紙面八角

諸君要想知道世界社會主義運動的源流，不可不先讀英國克卡樸（Kirkup）社會主義史。克氏於一八九二年著成此書，他敘述各國社會主義運動的事實，源源本本，非常詳盡；又經英人關司（Pease）於一九一三年增訂一次，更加完備；所以美國有名的社會主義家列德萊（Laidler）說「此書是歐戰以前一部包羅最宏富的（Most Comprehensive）社會主義史。」蔡元培先生的序中也說，此書給我們的教訓很多。全書約二十二萬字，共六百五十頁。

總發行所 上海法界大自鳴鐘對面 **新青年社**

中華民國九年十一月初版

（新青年叢書第六種）

歐洲和議後之經濟

定價大洋五角

著者　英國坎斯

譯者　陶孟和

　　　沈性仁

出版者　新青年社
上海法大馬路大自鳴鐘對門

印刷者　華豐印刷所
上海英租界浙江路三十號